JN439292

마중물

마중물

정 여 송 수필집

수필과비평사

■ 책문을 열면서

아무도 가지 않는 땅, 누구도 가지 않았던 길을 혼자서 밟고, 혼자서 걷는 것이 글을 쓰는 일이라고 생각했다.

삶의 여유를 가지는 것, 갈등을 해소하는 것, 종국에는 인간의 승리를 의미하는 웃음, 그 웃음을 찾는 것이 글을 쓰는 일이라고 생각했다.

그렇기도 하지만 글을 쓰는 일은 놀이였다.

자유로우면서도 재미나는 숨바꼭질 같은 놀이였다.

미세한 떨림의 진동이 마음을 두들겨 진자가 되는 달빛 같은 짝사랑 놀이였다. 누구에겐가 강요당하지 않고 의지만으로 즐겨 했으니 분명 놀이였다.

또한, 그렇기도 하지만 글을 쓰는 일은 노동이었다.

한땀 한땀 문신을 새기듯 힘이 드는 일이면서도 욕구를 충족시키는 노동이었다.

생명이 없는 글자에 습관과 호흡과 꿈과 손짓과 발짓을 넣어 생명을 잉태하는 노동이었다.

은행나무가 자지러지게 노란색을 발하는 노동이었다.

놀이와 노동.

그것으로 어우렁더우렁 지어 낸 마흔두 편의 글을 묶어 낸다.

첫 수필집 『힘쓰는 여자』 상재 후 6년 만이다.

기억상실증에라도 걸린 듯 첫 수필집과는 다른 창작물을 내놓으려 만물에 엎드려 받아쓰기를 했다.

마음이 머무는 거푸집이라도 지어야 했는데, 너무 하릴없지도 진지하지도 않은 놀이터가 된 것은 아닌지 모르겠다.

희망 하나 심는다.

어딘가가 끌려서 찾아오는 사람들, 멀리 있어도 그리워서 찾아오는 사람들, 내면을 소중히 여기는 사람들이 찾아와 한바탕 신명낼 수 있는 놀이터가 되었으면 바람을 가진다.

해운대의 수평선을 바라보며

2008년 10월

| 차 | 례 |

제2부 사람이 아름다운 것은

제3부 샛길을 걸으며

제4부 마음 속 깊은 눈

제5부 '나'를 찾아서

제6부 문화 들여다보기

제1부

독도가 말하다

독도
소리경
불꽃놀이
중국의 그랜드캐넌

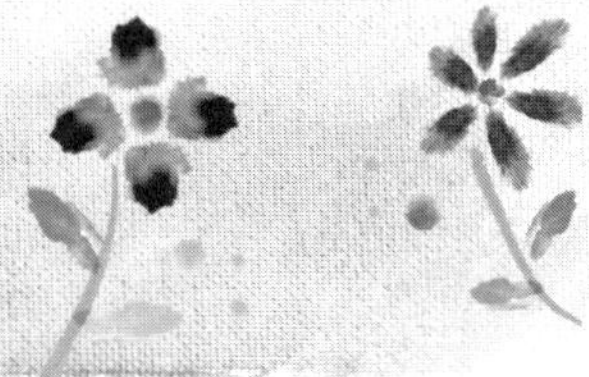

독도

홀로 독獨이라. 그토록 외로웠던가. 남쪽바다에 옹기종기 모여 있는 많은 섬들을 부러워하기도 했겠다. 한반도의 분신인데도 불구하고 억지 부리는 일본의 망언에 더 불안했을지도 모른다.

그대의 아픔을 달래기 위해 우리는 끝없이 싸웠다. 예전에는 민간인 의용수비대가 주둔하면서 그대를 사수하였고, 지금은 대한의 경찰이 지키고 있다. 얼마 전에는 그대가 대한의 독도임을 만방에 알려야 한다고 약속이나 한 것처럼 수영선수 조오련 삼부자가 헤엄쳐 갔다.

망망대해에 오롯이 솟아있는 모습이 의젓하기도 하고 단아하기도 하다. 타원형 수반에 동해를 부어 깔고 그대를 고스란히 차려놓은 수반석이 생각난다. 동도와 서도가 서른여섯의 작은 섬을 거느리고 도도히 앉아 등대가 되었다. 울릉을 앞장서 호위하고 한반도를 지키는 파수꾼으로 당당히 섰다. 집요한 침략근성을 가진 일본이 우리를 약탈하고 침략하면서도 동해 한가운데로는 침투하지 못하였던 연유를 이제야 알아차린다. 장하도다! 그대여.

먼 옛날 그대는 우산국에 속했다. 우산국이 신라가 되고, 고려와 조선을 거쳐 대한민국, 지금에 이르기까지 한반도의 부속도서로 한 몫을 톡톡히 하고 있다. 그것을 역사가 당당하게 말한다. 1486년경의 '팔도총도', 1592년 도요토미 명령으로 그려진 '조선국지리도 소재 팔도총도', 1785년 일본의 지도제작 대가인 하야시가 그린 '삼국접양지도'에는 '죽도'라고 쓰고 그 왼편에 '조선의 것'이라고 명백히 밝혀 놓았다. 자기네가 알고 우리가 알고 세계가 알고 하늘이 안다. 그런데 뚱딴지 소리를 한다. 자기네 것이라고 우기는 뻔뻔함 좀 봐라. 방금 살아있던 생명을 한 입에 삼키고도 태연한 왕 도마뱀처럼 공포나 죄책감, 부끄러움이나 추함에 대해서 조금도 알지 못하고 있다. 우리는 비록 가난하고 힘이 없었을지언정 적어도 치사하지는 않았다. 그러기에 그대도 옅은 슬픔이 서린 이야기가 아닌 허리가 휘는 아픔을 앓는다.

그대를 직접 만나보기 위해 채비를 한다. 파도마저 높게, 그러나 조심스럽게 일렁거린다. 계속 하늘과 바다만 펼쳐진다. 바다, 바다, 온통 바다. 그렇게 울릉으로부터 이백 리 바닷길을 달린다. 출발할 때부터 설레던 가슴이 그대가 보인다는 술렁거림에 콩닥콩닥 뛰기 시작한다. 재빨리 갑판 위로 오른다. 그대의 전신이 뜨겁게 다가온다. 하지만 규정상 품에 안겨보지 못하고 거리를 둔 채 안타깝게 바라볼 뿐이다. 주변을 돈다. 동도는 광복 60주년을 기념하는 대형 태극기를 월드컵 때 축구경기장에서처럼 펼쳐 들었다. 형용하기 어려운, 숭고한 경탄 같은 것이 가슴에 인다. 핑, 눈물이 돈다. 이것이 감격인가.

일찍이 태극기는 나라와 민족의 화려한 부활과 통일, 그리고 발전을 의미하는 자부심이었지 않은가. 또한 자존의 상징이었다. 학교에서도 태극기는 잘 보이는 곳에 게양한다. 공경의 대상이었고, 평상시에는 함에 고이 모시는 일종의 성물이었다. 월드컵을 치르면서 두건, 치마, 망토를 통해 거리감을 깨고 일상생활과 친숙해졌다. 그 태극기를 들고 '대~한민국!' 하는 그대의 외침소리를 듣는다. 나도 두 팔을 앞으로 뻗으면서 외친다. '대~한독도!' 그렇게 그대와 포옹을 한다. 굳건하게 꿈틀거리고 있는 건강한 믿음과 긍지와 낙관을 느낀다. 고맙게 하늘도 우리 편에 서서 바라보고 있다.

뱃머리를 돌려 다시 되돈다. 각양의 새로운 모습을 보여줄 때마다 탄성이 새어나온다. 도도하게 품은 빛이며, 뭔가 비밀을 품어 안고 있는 듯한 신비로움, 넘치는 기상, 보일 듯 말 듯 감춰진 미소 같은 신령스러움. 은폐와 노출이라는 두 단어가 숨바꼭질을 한다. 거친 파도는 부딪히고 넘어지고 일어서면서 그대를 향해 몸을 푼다. 화려한 포말이 품안으로 안개처럼 스민다. 그대와 동해의 물과는 본디 경계가 없는 사이였지 않은가. 나는 순간순간의 모습을 가슴으로 촬영한다. 앨범 속의 사진은 세월과 함께 빛이 바래질지라도, 마음속의 영상은 두고두고 또렷하게 남아있을 테니까 말이다.

그대는 안산암安山岩과 현무암玄武岩으로 이루어진 응회암凝灰岩의 몸인지라 푸르디푸른 동해 가운데 있으면서도 물을 제대로 품지 못한다. 그런 여건에서도 순진한 참나리와 구절초와 털머위 등 수많은 야생화를 피운다. 슴새, 도요새, 괭이갈매기, 황로, 이름 모를 새들과도 어울려 지낸다. 대한의 기질이 아니던가.

불가항력적인 세월의 풍식에 맞서 기백을 날리고 있는 그대. 오랜 세월 고독에 휩싸이면서 스스로 성숙하였다. 그대가 지닌 내적의 힘은 한반도의 고통과 시련과 괴로움을 끌어안는다. 일본의 망언을 귓전에 흘리며 희망을 안고 철저한 침묵으로 우리와 하나가 된다.

짧은 만남과 긴 헤어짐. 붙잡지 못하는 마음과 기약 없이 일상으로 돌아가야 하는 마음. 아쉬움만 남긴 채 손을 흔든다. 말없이. 그 말없음으로 긴긴 대화를 나눈다. 그것을 아는지 뱃머리에 부딪히는 파도가 흰 거품을 일으키며 만파로 부서진다. 출렁출렁 멀어지는 그 물거품마저도 다시 동해와 몸을 섞으며 파도로 돌아간다.

"독도!"

이름을 부르는 일이 그리움보다도 더 아릿한 것은.

(『수필과비평』, 2005)

소리경

삼랑진 만어산 만어사 앞에는 너덜겅이 펼쳐져 있다. 예사돌과 다른 운김을 드리우고 있어 재행의 길을 마다할 이유가 없다. 초행길에 흘려버린 전설도 줍고, 놓쳐버린 생각의 이삭도 줍는다.

도량을 지켜온 삼층석탑 앞에 독대하는 양 선다. 석탑은 한 중생이 면구스럽게 무언의 대화를 바라는 합장을 하자 허허 웃음만 흘린다. 몇 바퀴 탑돌이 하는 미물이 미뻤는지 어둔 눈을 쪼끔 밝혀준다. 단조롭고 촌스럽다고 중얼거리는 내 속생각의 정수를 깨면서, 치켜 올려진 지붕의 모서리가 하늘로 날아오르듯 경쾌함을 던져준다. 마음속의 법열 한 가닥이 사뿐, 춤사위를 벌인다. 조지훈의 「승무」가 합세하여 나빌렌다. 누구인지 모를 공들여 조각하던 석공도 얼씨구나 덩실거린다.

황홀한 기쁨 지그시 누르고 장엄하게 앉아 있는 신묘한 바윗돌을 만난다. 용왕의 태자가 변해 돌이 되었다는 전설을 이고 있어서인지, 가사를 드리운 것처럼 주황색 결 무늬가 신비로이 착색되었다. 부처를 찾아와 제자가 되기를 원하고, 끝내 바다로 돌아가지 못한 채 그대로 돌이 되었으니, 태자바위에 새겨진 불영의 형상은 당연한 일인지도 모른다. 그보다도 무게의 중심을 슬쩍 들어 올리는 것은 미륵전 앞에 널려진 검은 바윗돌들이다. 귀향을 꿈꾸며 강어귀에 몰려든 연어 떼 모양으로 운집해 있다. 용왕의 태자가 거느리고 온 물고기들이라고 한다. 그래, 지느러미 파닥거리며 태자바라기를 하고 있는 어석魚石들이 분명하다. 아니나 다를까 미륵을 향해 엎드려 절 올리는 풍광을 자아낸다.

준평한 너덜겅에 안개가 자욱해지는 날이면 수만 마리의 물고기들이 헤엄을 치고, 장대비가 내리는 날이면 다양한 소리의 연주를 들을 수 있다는 주승의 말에 호기심이 탱탱해진다. 조용히, 작달비 오는 날의 삼행을 다짐한다.

나는 한발 한발 돌무더기 속으로 들어간다. 수많은 돌들은 각각의 자리에 앉은 듯, 선 듯, 엎딘 듯, 누운 듯, 꿇은 듯 편안한 자세다. 크기도 모양도 덩달아 생긴 물상은 단 하나도 없다. 형형대소形形大小, 각양각색各樣各色, 각성각식各聲各式, 각이각태各異各態다.

어떤 바윗돌은 농익은 여인네의 둔부가 되어 넉넉한 여유를 보이기도 하고, 드러내지 않는데도 드러나는 단단한 속짜임도 엿보여 준다. 말하지 않은 억제된 욕망과 기대가 잔뜩 스미어 있는 것 같기도 하다. 또 다른 바윗돌은 생강나무가 잘 자라도록 몸 비틀어 틈새를 벌려주었다. 무슨 고통일까 싶지만 생강나무를 끔찍이 여기는 자비심에서 우러난 배려일 게다. 꽃숭어리와 향내가 열악한 삶터에서 피운 고통만큼이나 샛노랗고 진하다. 가지를 흔들자 털 짐승이 물기를 터는 것처럼, 하나 가득 머금고 있던 향기를 주체하지 못하고 쏟아낸다. 어느 한 바윗돌은 진달래를 몸소 키우고 있다. 날려가는 씨앗 하나를 받아 애지중지 품고 품어서 뿌리내려 싹 틔웠음이 여실하다. 둥글둥글 둥글었으면 제 몸 하나 건사하기 좋았을 것을 수행 부족으로 인해 홈이 파였다. 그 깊은 생채기에 흙먼지를 모아모아 진달래를 피워냈을 테니, 분재 같은 자태가 더욱 참하다. 대부분의 바윗돌에는 희읍스름하면서도 푸르데데한 이끼들이 세월꽃을 피웠다. 아무도 가르쳐 주지 않았는데 어물쩍, 스리슬슬, 그러구러, 그렇게 곁붙이로 살아왔나 보다. 큰 어려움 없이 아름답게 늙어가는 표징이리니 세월꽃인들 어찌 아름답지 않으리. 채석을 해가려다 포기한 뭇 인간의 욕심에 깊은 상처를 입고 통증에 시달리는 바윗돌도 있다. 우툴두툴하지 않은 것이 고르고 균제하다보니 이기심으로 불 밝힌 눈에 띄고 말았다. 그 욕심과 이기심을 대신해 미안하다며, 용서하라며, 힘내라며 살며시 기대어 작은 온기 한 줌 전한다.

돌멩이를 들고 바윗돌을 쳐 본다. 예사 돌에서는 들을 수 없는 소리가 난다. 먹먹하고 탁하고, 울리는 듯 안 울리는 듯, 울음인지 웃음인지 분간하기 어려운 소리가 들린다. 편안하다 싶은데 슬프고, 묵직한 것이 분명한데 맑고, 둔탁해 보이는데 고요한 울림. 바윗돌이 온몸과 마음을 다하여 토해내는 소리다.

나는 신명 난 어린애마냥 이것저것 두들겨 본다. 순간, 어석이 아니라 인석人石이라는 생각이 뇌리에 머문다. 부처의 설법을 듣기 위해 몰려든 중생들이 아닌가. 조석으로 예불을 드릴 때마다 말씀을 먹고 말씀으로 크면서 수행하는 중생들. 가진 것이 없어도 부족함을 느끼지 못하고, 좋은 태도보다는 나를 숙이고 버리는 연습으로 하루하루 이어갔겠지. 그래서 순간에 머무르는 자극이고 스쳐가는 기분일 수 있는 소리일지라도, 마음 비워 종소리를 울리고 깨달음 얻어 목탁 소리를 낸다. 둔과 탁이 여과되고 여과된 소리. 금방이라도 움직이며 일어날 것 같은 살아있는 소리. 무언가를 전해주는 얘기가 분명하련만 알아챌 리 만무다. 운남바둑이다. 명이주明耳酒에 취한 두타頭陀 정도라야 해석풀이가 용이하리라.

내게서도 소리 하나 나기 기대한다. 최상의 높이로 올라가고 최하의 밑으로 내려가는 그런 울림은 되지 못하더라도, 벼리고 벼려서 마음 편하게 하는 맑은 떨림 하나 내보고 싶다. 진지하되 과장되지 않고, 정확한가 하면 지루함이 없고, 겸손하면서도 의욕이 넘치고 정이 깊은, 그런 소리 내보고 싶다. 잔잔하지만 울림이 있는 소리 내보고 싶다.

바윗돌이 우습다며 웃는다. 꿈도 크다며 비웃는다. 일상들이 파놓은 구덩이에 빠져 허우적대기 다반사고, 미모사처럼 작은 일에도 일일이 반응하기 일쑤고, 힘들어 하는 사람의 손도 제대로 잡아주지 못하는 미물이 도를 깨우치려 한다고 웃는다. 나를 둘러싸고 있던 돌들이 어이없어 웃어대는 소리가 들린다. Oh, My God!

소리로 돋우고, 소리로 피우고, 소리로 벗기고, 소리로 녹이고, 소리로 끝내는 만어사의 바윗돌들.

"그대들은 소리경經이오!"

(『수필세계』, 2008)

불꽃놀이

소리가 핀다.

지인으로부터 손수 지은 참깨를 한 되 선사받았다. 볶을 요량으로 씻는다. 조바심하지 않으면 손실이 큰 참깨 씻기는 정성을 요구한다. 불에 달군 냄비에 씻은 깨를 털어 넣는다. 찍-, 물기와 불기가 부딪히며 차가운 비정非情의 소리를 낸다. 달래듯 길쭉한 나무주걱으로 슬슬 젓는다. 계속 열기를 받으면서 수분이 증발되고 더 증발되면서 깨알들의 웃음소리가 터지기 시작한다. 토도독 톡톡 탁탁…….

그 소리가 마치 소낙비 내리는 소리 같다. 운동장 가득 아이들이 뛰어노느라 떠드는 소리와 비슷하다. 작렬한 땡볕으로 제 몸을 태우기라도 하는 양 울어대는 매미소리 아닌가. 냄비 속에서 들려오는 아우성. 깨알들은 노릇노릇 통통해지고, 주걱 젓기가 빨라진다. 축제의 도가니. 참깨들의 폭죽놀이가 절정을 이룬다. 그 위로 광안대교에서 펼쳐졌던 거대한 불꽃쇼의 무대가 포개어진다.

소리가 핀다.

꽃이 터진다.

에이펙 개회 전날, 아시아와 태평양을 잇는 세계의 정상들이 모여들었다. 어스름 저녁이 다가올 때 광안대교와 바다는 술렁거렸다. 전국 각지에서 달려온 열정적인 사람들과 부산에서 모여든 인파도 같이 술렁거렸다. 이천여 년 전 한 젊은이의 산상설교를 듣기 위해 몰려들던 사람들처럼 백사장을 빼곡히 메운 사람, 사람, 사람들.

장엄한 음악이 깔린 가운데 거북선 여러 척이 연기를 뿜으며 등장하고, 광안대교 난간에 '웰 컴 투 부산'이라는 문구가 점등되면서 불꽃쇼가 시작되었다.

축포 소리에 따라 피어나는 영롱한 오색의 빛. 팝콘이 튀겨지듯, 목화솜이 피어나듯, 흥부네 박 속에서 금은보화가 쏟아지듯 명멸한다. 야자수인가, 해바라기인가, 안개꽃이던가. 천상정원에 이름 모를 꽃들이 만개하니, 수천 마리 벌 나비가 형형색색으로 난무한다. 빛의 향기에 자지러진다. 창조와 생명을 상징하는 찬란한 불꽃은 천상낙원의 은하수가 되었다가 신라 천년을 이어 온 금빛 왕관으로 변한다. 급기야 에밀레의 오색 종소리가 되어 결결이 울려 퍼진다. 대교에서 바다로 1km 넓이의 하얀 불꽃이 한꺼번에 쏟아지니 장대한 나이아가라 폭포수가 무색하다. 야천절벽에서의 빛 사태. 분수되어 치솟는 빛의 향연, 빛의 환희, 빛의 찬가, 빛의 화합, 빛의 상생…….

억압을 떠나 자유로이 춤을 추는 빛. 젊음의 생명력을 지닌 열아홉 살 소녀의 아름다운 미소다. 똑바로 허공을 찌르고 신기하리만치 사라지는 트럼펫 소리다. 푸른 하늘을 힘차게 차오르며 자유자재로 기교부리는 가창오리 떼의 비행이 아닌가. 활력과 자유로움을 주는 깃털이고 시며 외침이다. 말없는 말이요 길없는 길이다.

영광과 승리를 다짐하는 조수미의 「챔피언」이 흐른다. 「메트릭스Ⅲ」 주제곡과 브람스의 「헝가리안 댄스」, 그 밖의 많은 곡이 찬연한 광휘와 함께 마음을 가로질러 흐른다. 베르디의 「레퀴엠」, 김수철의 「천년학」, 베토벤의 「합창」 등 연주곡이 빛과 함께 어우러지자 들뜨던 기분이 북받쳐 오른다. 고조되는 흥분과 함성. 아, 아-.

백사장을 가득 메운 사람들은 빛으로 수놓은 밤하늘의 진경을 촬영하기 위해 모두가 폰을 켜 들었다. 예서제서 켜 든 조그마한 사각형의 푸른 빛이 또 다른 불꽃놀이를 하고 있다. 불꽃놀이의 불꽃놀이. 천지가 빛천지니 이 또한 장관이다. 깜찍하게 연출된 신조풍경에 몸이 얼어붙는다.

불꽃. 한껏 황홀하게 피었다가 절정의 순간에 쓰러지는 운명. 짧게는 3초에서 길어야 7초간을 사는 찰나적인 삶이지만 황홀함의 극치에 눈이 부시다.

짧고 굵게, 굵고 짧게. 열흘 붉은 꽃이 없고, 사람은 백일을 한결같이 좋을 수 없으며, 권세도 십년을 못 간다 했으니 3초면 어떻고 7초인들 어떨까. 눈부심이 제일이고 화려함이 으뜸이며 빛이 되어 빛으로서 빛을 발했으니 무엇을 더 바라리.

불꽃 같은 삶을 살다간 사람들을 생각한다. 안중근과 윤봉길은 대한의 독립을 위해 몸 바쳐 불태우고, 이상과 김유정은 문학의 바다에 혼불을 지르고 갔다. 김현식과 김광석은 음악의 선율에 젊음을 실어 보냈고, 박종철과 이한열은 민주화의 꽃을 피우기 위해 앞장서 폭죽을 쏘아 올렸다. 생각을 일깨우고 마음을 견고케 해 주는 고독한 불꽃들의 생生놀이. 그들의 짧은 삶에서는 화려함이란 찾을 수가 없다. 그러나 열정만은 불꽃만큼 아름답고 장엄하다. 그러기에 일시적인 인기와 시류에 연연하지 않았던 그들의 뜻은 역사가 되었다.

화끈한 희망도 전복적인 힘의 용기도 없이 엉거주춤 사는 우리의 모습에 조용히, 그러나 단호하게 얘기하고 있는 이름들. '자유로운 인간의 길, 진리의 길은 이것이다.'라고 말하는 대신 그 곳에 도달하기 위해 어떤 노력을 해야 하는가 몸으로 보여준 영혼들. 세상에 아부하지 않고 당당하게 살고 간 인류사회의 위대한 불꽃들. 그 얼들이여.

소리가 핀다.

꽃이 터진다.

봄이 열린다.

아직 동장군이 버티고 있는데 언덕의 홍매화가 꽃망울을 터트린다. 우주가 봄의 불꽃놀이를 시작하였다.

(『수필과비평』, 2006)

중국의 그랜드캐년

잿빛을 머금은 바위기둥들이 빌딩 숲처럼 규연하다. 옛 산수화에서 봄 직했거나 상상의 나라에 있음 직한 기암절벽의 돌 봉우리들이다. 그 실체들이 지금 눈앞에 펼쳐져 있다.

웅장하고 기이한 산세, 놀랍고 경이로운 풍취에 숨이 멎는다. 탄성〈탄성〈탄성. 쏟아낸 찬탄의 잔해가 골골이 낭자하다. 바위기둥들은 쉴 새 없이 지르는 인간들의 감탄 소리에 부끄러워서인지 시끄러워서인지 구름자락으로 몸을 감는다. 그 광경이 더욱 운치 있는 것을 어찌할꼬.

바위 틈마다 위태롭게 서 있는 애솔들이 한층 더 멋스러운 자태를 자아낸다. 앙증맞은 것이 춤추는 발레리나의 모습을 흘린다. 언뜻 보니 초록빛 털보송이 숄을 두른 듯 부옇게 바랜 검정과 산뜻한 초록의 조화가 만고절색이다. 봉우리의 허리에 피어난 야생 꽃들은 천 길 낭떠러지에도 겁 하나 없이 태연자약, 모춘을 즐긴다. 과연 신령이 가꾸어낸 분재화원이다. 문득, 봉우리 끝에 흰 수염 인자한 얼굴이 웃고 있다.

천자산 원가계다. 산 아래서 볼 땐 땅 속에서 솟아오른 수많은 군상들이 운집해 있는 형세였다. 절벽에 설치된 엘리베이터를 타고 산 위로 올라 살피니 봉우리마다 사연들이 애틋하다. 전쟁에서 패한 황제가 쓰던 붓을 하늘에 던졌는데 그 붓이 떨어져 땅에 꽂혔다는 '어필봉' 군락, 아름다운 경치에 혼몽하여 정신을 잃게 된다는 '미혼대'가 실화인 양 보인다. 케이블카를 타고 가로질러 내려오던 중 가까이 대하자, 하나하나 쌓아올려 조형해낸 신선의 작품임이 드러난다. 수직으로 깎아질러 서 있는 봉우리들은 필경 수천만 년을 지켜온 선경이요 선계다.

친구는 나와 더불어 행복한 순간을 엮는다. 눈은 황홀하고, 가슴은 뛰고, 벅찬 풍광에 도취되어 꿈속을 날고 있는 얼굴이다. 지리멸렬한 중년의 일상에서 활력 찾기, 교향곡으로 바뀐 그녀의 신음조차 더할 나위 없이 건강하다.

산자수명한 절경에 압도되어서일까. 아니 기쁘게 중독되어서이다. 가쁜 숨소리 사이로 새어나오는 찬미야말로 비경에 대한 존중이 아니면 무엇이랴. 세상과 뒤섞이면서 소박한 즐거움에 만족하고, 하찮은 노여움을 잠재우고, 천박한 욕망을 멀리하면서 살아왔다면 산천경개 덕분이다. 이 나라 사람도 아니고, 우리 것이라는 자부심도 없는데 왜 이다지 눈물겨운가.

천자산의 영상들을 채 정리하기도 전, 천문산으로부터 정중한 초대를 받는다. 가슴을 활짝 열 모양이다. 비가 오면 저버리기로 한 약속이었으니 천만다행이다. 맑은 하늘에 감사한다. 설렘과 기대로 무장을 하고 나선다. 보잘것없는 연생이이지만 떨리는 마음을 그 가슴에 꼬옥 안겨보리라.

버스를 타고 두세 시간을 달려 왔을까. 예사롭지 않은 모양새의 덩치 큰 산이 멀리 보인다. 가례예식이라도 치를 요량이었나 보다. 시내에서부터 케이블카에 태워 삼십 분이 넘도록 동네를 지나고, 들을 지나고, 토가족의 생활사를 한눈에 보여주더니 성 같은 산속으로 유입을 허락한다. 끝도 없이 이어지는 풍경. 사방팔방으로 늘어선 봉우리들. 점점 커지면서 기운차게 뻗치는 강력한 힘을 뿜어낸다. 마음을 극터듬듯 졸였으나 흔들거리는 케이블카의 스릴을 만끽하는 되바라진 새악시가 된다.

구름 위로 솟아 있는 1518미터의 키. 사방이 모두 깎아지른 절벽이며, 창공을 찌르고도 의연한 기세가 자못 장엄하다. 숭고한 천문 영봉에서 유래된 내막 또한 심오하다. 아무리 무지렁이라 해도 천문산의 강호지락에서는 산수화 속을 거니는 신선이 되고 만다. 수많은 귀족과 관료들의 추앙이 있었다면 그것을 어찌 허황되다 할까. 당연한 숭상이며 엄연한 예의다.

처녀원시림을 고스란히 보유하고 있는 정상에 선다. 모든 것이 발아래다. 까마득한 협곡의 절벽에 놓여 있는 오솔길로 향한다. '귀골잠도'. 난간이 보호해 준다는 안정성을 지니기는 하지만 절벽에 걸쳐진 외길이다. 걸음걸음마다 오금이 저리고 머리

끝이 쭈뼛거린다.

'통천대도'가 또다시 우리를 흔들어 댄다. 하늘로 통하는 길. 만리장성이 흑룡의 승천을 연출했다면 통천대도는 영락없는 백룡의 용틀임이다. 아흔아홉 번을 휘청 휘~청 휘어지고 아흔 아홉 번이나 굽이 굽~이 굽어졌다. 그 길 끝에 닿는다. 천 미터의 절벽에 아슬아슬 동굴이 걸려 있다. 황실에서 사용하던 최고의 숫자가 아홉이라더니 우러러 기리고자 함인가. 다시 구백구십구 개의 계단을 억지맞춤으로 동굴에까지 이어놓았다.

너무나 인위적이다. 그러나 개의치 않기로 한다. 동굴을 통해 쏟아져 들어오는 환한 빛이 있지 않은가. 구름도 넘나든다. 홀연히 절벽이 뚫리면서 하늘로 통하는 문이 열리고, 호방한 지세마저 천하기경이니 무엇인들 탓하리.

연전에 다녀온 미국의 그랜드캐년이 오버랩 된다. 나는 그랜드캐년을 두고 화려한 아름다움을 지닌 마신이 창조한 걸작이라며 고조된 목소리를 낸 적이 있다. 천자산과 천문산은 성스러운 하얀 신선이 가꿔낸 정원이다. 푸른 이끼와 야생넝쿨이 엉키고 절벽과 나무들이 어울리며 견고함과 부드러움이 조화를 이루는 까닭이다.

그 정원에 무엇이 있는가 하여 눈 밝혀 들어간다면, 장대한 기골과 단애의 신비로움에 진탕 빠진 취객이 될 것이다. 여차하면 즐거운 익사에 비명 같은 찬사만이 무성할 뿐이다. 진정한 장가계의 혼이요 신성한 산으로서의 성지인 천자산과 천문산이야말로 정녕코 중국의 그랜드캐년이다.

나는 누구에겐가 발그레 상기된 얼굴로 소박한 기쁨을 안겨준 장가계에 대해 얘기할 것이 분명하다. 소녀시절이란 없을 것 같은 억척아줌마가 여학생일 적에 좋아했던 선배 얘기를 할 때처럼, 중년의 아들이 나이 지긋해서야 처음으로 가족여행을 간 아버지를 회상하면서 아버지가 가졌던 행복감을 묘사하려 애쓸 때처럼, 얘기하고 싶어 몸살이 날지도 모른다. 아마도 그 목소리는 감미로워 따사롭게 듣는 이를 감쌀 것이다.

이별의 아쉬움을 꺽꺽 삼키며 케이블카를 탄다. 등 돌려 얼마나 왔을까. 뒤돌아보니 천문산이 엉거주춤 따라 나온다. 그렁그렁 눈물을 달고 있다. 외면을 하고 눈도 감아보지만 또 한 발 성큼 다가온다.

어떡하라고!

(『현대수필』, 2008)

제2부

사람이 아름다운 것은

물로 빚은 사람

그립다. 보이지도 않고, 만질 수도 없고, 아무리 불러도 대답조차 없으니 그러하다. 더 슬픈 것은 자꾸만 잊혀져가는 일이고, 어릴 적 함께하였던 장소마저도 점점 사라지고 있다는 사실에 마음이 쓰라리다.

나이 사오십을 넘긴 사람들은 어머니에 대해 대체로 현존보다는 부재 쪽에서 얘기를 빚는다. 분주한 생활에 휘둘려 까마득 잊고 있어서 부재인 듯하지만 누구든 마음속에 잠재우고 있는 뜨거운 실존이다. 세월이 그냥 흐르기만 하던가. 보낸 적 없는데 가버리고 주는가 하더니 빼앗아 간다. 껑충 뛰기도 하면서 제곱근으로 뿌리를 뽑는다. 그 세월에 떠밀려 새하얗게 잊었다가도 어느 순간 되살아나서 울컥이게 하는 이. 어머니다. 그에 대한 순간적인 그리움은 시간처럼 길어진다.

어디든지 어머니가 있는 곳은 고향이 된다. 삶의 중심이 되기도 한다. 고향에는 모래집물이라고도 하고 포의수胞衣水라고도 하는 못이 있었다. 옛날, 우리들이 세상과 만나기 전 그 못에다 열 달 동안 몸 담근 채 배냇짓하면서 놀았다. 사계절의 화려한 변화는 느끼지 못할지라도 쉬고 싶으면 쉬고, 자고 싶으면 자고, 먹고 싶으면 먹을 수 있었던, 아무것도 바랄 것 없는 안식처였다. 맛들이고 정들었던 궁궐이기에 세상에서 가장 아늑한 곳이요, 모든 편의가 완비된 즐거운 낙원이었다. 나이테 동심원의 안쪽처럼 고요하고 평화로운 세계였다.

그 세계를 소유하였으니 어머니는 부자였다. 그러나 소박하였다. 힘이 넘쳐서 흘러도 거만하지 않았다. 자존심은 가졌으되 겸손하였다. 배운 것은 보잘것없지만 정신만은 풍요로운 사람이었다.

언젠가 TV에서 「지금 만나러 갑니다」라는 프로그램을 본 적이 있다. 맨 마음으로 보기 힘들었던 생각이 난다. 어떤 이유로든 간에 버려야 했고, 버려져야 했던 사람들의 슬픈 이야기. 우연히 잃었고, 잃어버림을 당해야 했던 가슴 아픈 사연이 펼쳐졌었다. 서로 그리될 수밖에 없었던 운명으로 점철된 모자지간, 혹은 모녀지간의 상봉이었다.

만남과 헤어짐. 그리고 다시 만남은 태초부터 예정되었던 필연이요 섭리였는지도 모른다. 서구식 환경에 젖어 말이나 사고가 판이해지고 냉정해졌는데도 자신을 낳은 분에게만은 가슴으로 이름을 불렀다. 원망과 외면과 체념이 이해의 마음으로 변하면서 실타래처럼 풀어졌다. 그 어머니들은 자식을 잃었다는 죄책감에 가슴 조이며 세상의 모서리로 살아갔다. 칼날같이 차갑고, 지독하게 뜨거운 삶을 견뎌야 했다. 아틀라스처럼 숙명의 짐을 등에 짊어진 채 괴로움에 눈물을 흘렸다. 아니, 울고 싶어도 울지 못할 때가 많았지 않았겠는가. 눈물을 흘리다가 자신이 무너질까봐, 자신이 무너지면 그대로 주저앉게 될까봐, 목 너머로 깊숙이 눈물을 삼키며 속울음을 울었다. 그 눈물은 단 한 방울도 새지 않고 세상 어딘가에 살고 있을 자식에게로 흘러가 영혼의 우물에 그대로 고였다. 그래서 외롭거나 아프거나 힘들 때마다 씻어주고 닦아주고 일으켜 세울 것이라고 믿었다. 그러기에 그들은 잃어버린 자식들에 대한 그리움에 지치고 어려움이 닥쳐도 이제 그만 걷겠다고 옆길로 비켜서지 않았다. 어디 그들뿐이랴.

누구에게나 오직 하나뿐인 사람. 우리들을 만들어낸 사람. 먹지 않았는데도 늘 배부르고, 밥 한 그릇의 대접에 콧등이 시큰거려 눈시울을 적시는 사람. 그들이 맺히고 흘린 땀방울은 핏방울만큼이나 영웅적이다.

그들의 장기는 스스로를 위한 일이라면 모르는 듯이 은근슬쩍 고개를 돌리는 일이다. 그러나 자식의 일이라면 사람 해치는 일 말고는 뭐든지 마다하지 않는다. 무엇을 얻자고, 무엇을 바라자고 펄펄 끓는 열정을 쏟는가. 왜소한 몸으로 감당키 어려운 거센 세파에 정면으로 맞서면서 강단을 부린다. 때로는 폭풍처럼 강렬하고, 더러는 전율이 느껴지도록 처절하고 외롭게 버틴다. 미끄러지거나 고꾸라져도 검질기게 일어선다. 틀린 줄 뻔히 눈치 채고도 어쩔 수 없이 행동하고, 옳은 줄 훤히 알아차리고도 옳다고 말 못한 적이 한두 번일까.

아들 · 딸만큼은 자신보다 더 잘살기를 바라는 바보들. 바보인 것조차 모르는 바보들이다. 미워하고 아파하다가도 용서하고 풀고 상처까지 끌어안으려고 진땀을 흘린다. 모진 일, 험한 세상을 감당하느라 억척스럽게 굳어간다. 종당에는 살이 저물 대로 저물어져 굴왕신 같은 몸이 된다. 그러면서도 끝까지 영원한 풀무가 되어 자식들을 향해 불꽃을 날린다.

그들은 촛불 빛이다. 자신을 태워 불을 밝히고 어둠을 가르면서 퍼져나가는 빛. 조용하고 은근하고 따사로운 빛. 자신의 진실을 투명하게 보여주는 작은 빛. 보이고 느껴지는데 어느 누가 그것을 모를까. 밝기도 하다. 크기도 하다. 우리는 그 빛을 통해 바깥세상으로 나왔고, 바깥세상을 구경할 수 있었다. 그 빛은 숭고한 사랑으로, 정성스런 위로로, 든든한 길잡이로서 우리들의 생을 안내한다.

존재했었음 자체만으로 깊은 울림을 주는 이. 세상에서 가장 아름다운 여인. 모래물집과 땀과 피와 눈물로 빚어진 사람. 가만히 불러보는데 가슴이 아려온다. 흔적조차 없어진 빈자리는 깊어만 가고 남은 것이라고는 그리움뿐, 목울대를 타고 올라오더니 온몸이 슬프도록 흔든다.

(『선수필』, 2005)

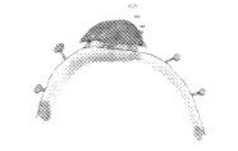

길의 길

손에 땀이 찬다. 쫙 펴고 들여다보니 손금으로 물이 흐른다. 시원스레 개울물 소리를 내기도 하고 소리 없이 유유히 흐르는 강물이 되기도 한다. 한참을 들여다보던 눈길을 손끝으로 옮긴다.

분명하지 않은 어떤 그림 하나가 문득 떠오른다. 그 그림이 생각나 손가락마다 인주를 묻혀 하얀 종이 위에 살며시 굴려본다. 어김이 없다. 빨간 실선이 동그랗게 그려져 있다. 또렷하다. 쟁기로 일궈낸 밭고랑을 닮기도 하고, 사막의 거센 바람이 빚은 아름다운 모래톱 같기도 하면서, 세월을 얘기하는 고목의 나이테 모양으로 번진다. 맥을 이어 넓게 퍼져 나간다.

손가락 끝에 융선이 새겨놓은 피부의 무늬.

지문이다.

그것은 길이다. 끝없이 이어져 하늘까지 연결되어 있을 것 같은 길. 처음에 생겨난 대로 평생 변하지 않는 길. 유전성을 띠고 있으나 성격처럼, 생김새마냥 사람마다 다르다. 비슷하게 생겼으면서도 똑같지 않은 오로지 하나뿐인 길이요, 육친들이 먼저 걸어간 혈의 길, 신비로운 길이다.

며칠 전 친구를 만나러 갔다. 친구의 도예전에 참석을 바라는 전갈이 좋은 구실을 하였다. 기대에 부풀어 한걸음에 내처 달려갔다.

예술의 전당, 디자인 미술관. 들어서자마자 친구의 헌팅캡 모자와 긴 머리, 그리고 검은 색 가죽점퍼가 먼저 눈에 띄었다. 예전부터 서양식 인사 나눔이 익숙해진 것처럼 우리는 자연스럽게 포옹하며 뺨을 비비고 서로의 등을 토닥거렸다. 조명을 받으며 고고한 자태로 앉아 있던 청자는 그윽한 빛으로 반겨주었다. 작가의 옷매무새와 작품의 맵시가 현대와 고전으로 엇갈렸는데도 묘하게 어울렸다. 그 어울림이 전시장에 그대로 흐르고 있었다.

그녀는 고고하고 도도한 자태의 청자들을 하나하나 설명하며 나의 눈 도수를 높여주었다. 차가운 듯 시원스런 직선의 무늬와 따스한 듯 부드러운 곡선의 무늬를 조합하는 데 몇 년의 시간이 소요됐다고 했다. 고풍스러우면서도 세련된 청자의 출현이었다.

무슨 곡조인지 잘 알 수 없으나 첼로의 현이 낮게 떠는 소리가 흐르고 있었다. 전람회장에 깔아놓은 배경음악이어서가 아니다. 그 가락은 청자의 깊이를 더듬고, 스며들고, 다시 거쳐 나와

서 내 마음으로도 흘러들었다. 첼로의 선율과 어우러진 청자는 바로 그녀의 삶과 정신이었다. 머리카락 한 올을 뽑아내듯이 내 정신 한 가닥을 잡아당긴다. 나는 순간적으로 몸이 경직되는 것을 느꼈다. 내 감동이 그녀에게로 옮겨가도록 지그시 손을 잡았다. 그리고 힘을 주었다. 잠시 동안이지만 공감을 나누었다. 그녀와 청자가 '지독하게 맺어진 연'이라는 예감과 함께, 그녀에게서 보부아르와 마리퀴리, 코코샤넬과 마돈나를 느낀다. 월등하게 뛰어난 재능으로 세상의 잘못된 생각을 무너뜨리고, 초인적인 노력으로 자신의 길을 걸어갔던 그들의 모습이 엿보였던 것이다.

도예전의 여운이 채 가시기 전, 나는 관호동 동덕갤러리로 갔다. '윤기언 개인전'을 보기 위해서였다. 천천히, 아주 천천히 맛있는 음식을 아껴먹듯 음미해 보라는 친구의 조언을 잊지 않았다.

한점 한점 눈으로 밟아가는 데 예사롭지 않은 그림이 발목을 잡았다. 「불안－조이다」라는 제목 앞이었다. '평화－넓히다'라는 제목이었다면 수긍이 갔을 터이다. 그림하고도, 제목하고도 아무런 상관이 없는데 문득 아버지가 떠올랐다. 뜨거워지는 목울대를 가까스로 가라앉혔다.

촘촘하게 그려진 실선의 의미가 무엇일까 생각했다. 몇 발짝 물러서서 볼 때는 하나의 섬처럼 보이던 것이 가까이 다가가자 지도 속에 그려진 등고선을 연상시켰다. 아니 어린 시절 아버지의 손가락 끝에서 보았던 피부의 줄무늬, 지문으로 보이는 것이었다.

강렬한 무엇이 있던 것도 아니고, 끌어당기는 어떤 포인트도 없었는데 그 그림이 잊혀지지 않는다. 선을 따라가면 누군가를 만날 것 같은 끌림 때문인지도 모른다. 그래서 허튼짓을 해본다.

0.5mm의 연한 심 샤프연필을 쥐고 찍어 놓은 지문 자국을 따라간다. 아니, 아예 요술 모자를 만들어 쓴다. 나는 눈에 보이지 않을 만큼 작은 소인小人이 된다. 그리고 가볍게 지문 길을 산책하는 기분으로 걷는다. 숲 속을 거닐다 무심코 나뭇잎 하나를 줍고, 바닷가를 걷다가 우연스레 하얀 조가비 하나를 줍듯이 가볍게 걷는다. 가다가, 가다가 오렌지 빛 아침햇살의 아름다움을 보기도 하고 해맑은 바람도 만난다. 시원한 옹달샘 물도 한 모금 마신다. 언뜻 낯익은 웃음소리를 듣는다. 억만 겁으로 누빈 인연의 줄을 잡고 오빠와 언니들이 저만치 앞에서 걸어가고 있다. 중중무진重重無盡, 화엄의 세계다. 나도 뒤에서 부지런히 따른다.

아버지가 거기에서 빙긋이 웃고 계신다. 요술 모자를 벗기 전까지. 연필심이 다 닳을 때까지.

(『수필과비평』, 2004)

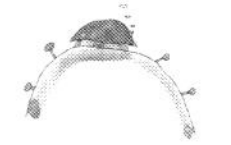

마중물

여기 있었네그려. 이런 산골로 들어오니 만날 수 있구먼. 얼마 만인가. 근 사십 년 만이 아닌가 싶네. 그러고 보니 우린 죽마고우일세.

내가 초등학교라는 데를 막 들어갔을 때 말이야, 그 시절에 자네는 신식이란 바람을 몰고 왔어. 어린 눈으로 처음 봤을 때 괴물이라고 생각했지. 사람 형상을 했으면서도 머리가 없고, 반기듯 양팔은 벌렸지만 짝짝이 팔을 가졌고, 한 다리로 서있는 것이 볼썽사나웠다네. 야트막한 판자 지붕 밑에 혼자 있는 모습은 왜 그리 측은해 보이던지. 선생님이 자네를 가리키며 '펌프우물' 하던 생각이 생생하구먼.

차츰, 여느 동네에서도 만날 수 있게 되었지. 자네는 젊은 아낙이었던 우리 어머니들의 물 긷는 힘을 덜어주었어. 퍽 좋아들 하셨다네. 마음을 드러내지 않으면서도 깊은 속 얘기를 흥건하게 토해냈잖아. 알 수 없었던 것은 열심히 일하다가도 쉼이 길어지면 한없이 나태해졌어. 피식피식 바람 새는 소리도 냈지. 그러다가 한 바가지 물로 목을 적시면 언제 그랬냐는 듯 부지런쟁이가 되곤 했다네.

그러네. 자네에겐 몸속 깊이 간직한 많은 물만큼이나 소중히 여기는 작은 물이 있었다네. 한두 바가지의 그 물 말일세.

깊은 물을 마중하러 나가는 물
물씨
마중물

"마 · 중 · 물, 마중물, 마중물."

어감이 좋아 자꾸 불러보게 되는구먼. 마중 나가는 그리운 추억 때문인가 보네. 우리 집에는 마당 한가운데 너른 화단이 있었는데 꽃나무가 아주 많았다네. 그 숱한 꽃 중에서도 수수꽃다리(라일락)와 불두화와 능소화는 지금도 가슴속에 피어 바람만 불어도 일렁거리지. 향나무 가장자리에 빙 둘러 피던 노란 달맞이꽃은 또 어떻고. 해가 지고 달이 떠오를 무렵이면 들려주던 신기한 소리를 자네도 들어봤을 거야. 톡, 톡톡, 톡톡, 톡…, 여기저기서 꽃망울이 달마중하느라 벙그러지던 그 소리를 말아야.

내겐 언니가 넷이 있지. 언니들을 참 좋아했네. 셋째와 넷째

언니가 외지에 나가 공부했는데 주말이면 집에 왔어. 언니들을 마중 가서 손잡고 걸어오던, 양옆으로 키 큰 코스모스가 만발했던 길. 마중이란 말만 들어도 그 길은 곰살스럽게 눈물샘 위로 떠오른다네. 내가 공직에 있을 때 말인데, 좀 늦은 퇴근을 하는 날이 있었지. 그런 날이면 노모도 어김없이 나를 마중했어. 그 때도 손을 잡고 걸었지. 어머니는 손에 힘을 주면서 무언의 사랑을 흘려보냈다네. 그 때마다 전광석화가 지나가는 듯한 전율을 느끼곤 했어. 어떠한 불덩이가 그보다 뜨거울까. 그리워서 얼굴 내미는 추억들이 하나도 아니고, 둘도 아니고, 열도 아니라네.

고요한 대낮. 실로 오랜만에 한적한 산골에서 자네를 만나니 반갑네그려. 손 한번 잡아볼거나. 목이 마른가보구먼. 함지박에 담겨 있던 물이라네. 한 모금 마셔보게나.

보이지 않지만 자네 몸속으로 흘러드는 마중물의 '몸짓'이 보이는 듯하네. 자네의 한 팔을 잡고 오르락내리락 힘질을 해보네. 콸콸콸콸…. 호탕하고 질펀한 웃음소리를 쏟아내는 것은 지금도 여전하네그려.

겉은 차갑고 흉해도 속은 따스하고 늡늡하던 자네 아닌가. 갈증 난 목을 축여주는 한 모금의 물을 감지덕지하며 몇 십 배, 몇 백 배로 불려주는 마음. 본받아야 할 심성이네. 이 세상에 그런 사람이 있는지 몰라. 지금은 아는 게 많은 것보다도 가진 것이 풍족하여 흥청거리며 쓰는 '수도족水道族'이어야만 알아주는 세상이라네. 자네 같은 '펌프족'은 여운 가득한 '古'자가 붙었으니 이제는 동화나라로 이민이나 가서 터를 잡아야 할 걸세. 넉넉하지만 함부로 퍼내지 아니하는 자네의 뜻을 알기나 하겠어? 마중물로 먼저 입맛을 당기려는 자네의 고집이 난 좋네그려. 운치야 '우물족'이 최고이긴 하지, 소박하기도 하고. 그러나 두레박을 올리고 내리는 수고만큼만 주는 깍듯함이 있잖아. 흘러넘치게 퍼주거나 덤으로 얹어주는 것은 예禮가 아니라는 고지식을 가지고 있지.

해가 우리를 보며 따스히 웃고 있네그려. 자네에게서도 온기가 흐르는구먼.

마중물에 대해 생각을 해보네. 그저 한 바가지의 물인데, 그것이 무엇이기에 몸속으로 들어가 고인 물을 흔들고 깨워서 세상 밖으로 솟구치게 하는가. 필경 제물로 쓰는 희생양 같네그려. 자비지심이라고 해야 할까. 운동하기 전에 몸을 푸는 기본 체조라고 해 둘까. 아니면 일상을 촉진시키는 자극제로도 풀어보고 싶구먼.

이보게, 내 삶에 있어서도 마중물이 있을 것 같은데 그게 뭔지 모르겠네. 나도 그거 하나 소중히 간직하고 싶네. 마시지 않고 다시 토해내야 하는 첫물이라 할지라도 그것을 들이켜면 삶의 의욕이 살아나고, 아름다운 어휘들이 쉴 새 없이 솟구쳐 문장을 이루도록 말일세. 그래서 내 마음이 머무는 곳에 향기를 남길 수 있으면 좋겠네. 간혹은 바다와 같은 왕양한 기상이 품어 나오고, 파도와 같은 격렬한 정열을 부려보기도 하며 구름같이 발발한 야심도 펼칠 수 있다면 더할 나위 없지.

함께 있어도 저마다 고독한 세상이라네. 그래서 마중물 같은 사람들의 마음이 그립다네. 책 속에서 만난 성인들의 희생심이나 보리심에서 볼 수 있었던 것 말일세. 가끔은 수고나 고통을 대신 짊어지고 살아가는 낮은 자리의 사람들에게서 엿볼 수 있지. 그들은 빛보다도 소금이 되기를 바라는 사람들이라네. 밝지만 그림자를 드리우는 빛이 아니라 보이지 않게 스스로 녹으며 말없이 도와주는 소금 말일세.

그 사람들의 삶이 끌어올린 물로 나는 밥도 짓고 빨래도 하고 목욕도 하며 화분에도 시원하게 뿌린다네.

나는 누구의 마중물이 될꼬.

(『에세이문학』, 『선수필』, 2003)

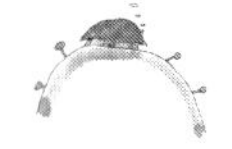

마샤 스튜어트, 이효재

남편이 며칠에 걸친 단기연수를 떠났다. 홀가분한 시간과 놀아나다 초라한 저녁을 먹고, 혼자 있기 좋아 하는 고양이 특유의 게으름을 피우며, 소파에 반쯤 누워 TV를 켠다. 화면이 살아나는 순간 반사적으로 몸을 일으킨다. 여학교를 함께 다닌 고향 친구의 이야기가 방영되는 것이 아닌가. 한복 디자이너이자 살림의 귀재로 소문이 파다한 '효재'가 이사를 하고 있다.

친구들로부터 얘기만 들었을 뿐 TV를 통해 보는 것은 처음이다. 화장기 없는 얼굴에 생머리 끝자락을 슬쩍 묶어 오른쪽 어깨 위로 내린 모습이 단아하다. 하얀 깃 달린 까만 교복에 단정했던 옛 모습 그대로다. 25년을 떠나왔으면서도 어쩌면 소녀일 적 모습을 그대로 유지했을까. 낮고 조용한 목소리가 진하게 젖어든다. 앉음새도 여전히 다소곳하다.

효재야, 환하구나 네 빛이.

단정하듯 차분하고, 무던하듯 수수하고, 깊은 듯 조용한 빛을 발한다, 네가.

아이디어라는 것은 번쩍하는 순간 시선이 닿지 않으면 끝내 보지 못하지. 작은 불씨 같아서 여간 조심해서 살려내지 않으면 쉽게 꺼지고 말아. 그런데 너는 그 아이디어를 족집게로 집어내듯 하는구나. 네 손길만 갖다 대면 보자기가 명품 가방이 되네. 보자기가 가지는 무작위無作爲, 그 무작위 속의 아름다움. 손끝에 담긴 사랑과 정성과 기술이 함께하기에 자투리 천들조차 생명력을 얻어 명작이 된다. 네 능력이다. 네 안에 숨어 있는 능력이 불가능해 보이는 일을 하도록 권하고 부추기고 떠밀기까지 하나 봐. 너는 그것이 빛이 나도록 매만지고 닦는 일을 수많이 반복한다.

반복은 사람의 손을 신의 손으로 만들기도 하지. 한석봉의 어머니는 눈을 감고도 자로 잰 듯 떡을 썰었고, 베토벤은 귀가 멀어도 피아노 건반 위에서 영혼의 소리를 냈잖아. 네 손길에서도 작은 세상들이 만들어진다. 반짝이는 생각이 거듭되는 동안 힘이 쌓이고 노련해지면서 거룩한 세계에 당도한 것이겠지.

대작의 한복과 크고 작은 소품들. 거꾸로 가보고 남 안하는 거 해보려는 네 생각들이 피워낸 보석들이다. 불순물을 제거한 액체와 같다 할까. 정갈함과 담백함, 차분함과 부드러움을 안겨주는 네 솜씨는 오리엔탈리즘과 오리엔탈리즘, 그리고 오리엔탈리즘이다.

작은 것을 소중히 여기는 마음이 겸손함으로 이어지는구나. 삶에는 여자의 내부처럼 함부로 열어보지 말아야 할 것들이 있음을 조용히 전해준다. 드러내는 것보다 가리는 것이 더 예쁜 것임을 은근히 보여주네. 움직임보다는 쉼 같은 너.

그래서 너를 아는 사람들이 너처럼 살고 싶다고 하는가 보다.

효재야, 예쁘구나 네 빛이.

우리 고향이 쏘아올린 별이 되어 빛을 낸다, 네가.

엄마한테 배운 대로 하나의 음식에도 온 정성을 쏟는구나. 준비하고 만들고 담아내고 싸는 것까지 정갈하게 정성을 다한다. 시루에서 쪄낸 떡을 한지에 싸고 그것을 다시 하얀 천에 곱게 싸서 이웃에게 돌리더구나. 이삿떡은 이웃과 너를 기쁘고 즐겁게 해 주는 것에 머물지 않고 하나로 엮어주는 끈이 되고 있더라. 이웃에 대한 존중의 표시, 가까이에 좋은 이웃이 있다는 것이 얼마나 중요한지를 알리는 방식이다.

이웃과 벗하려는 네 모습이 정말 예쁘다. 퍼 줄수록 정을 두텁게 하는 것이 음식이라잖아. 사람들의 입맛에 맞추느라 고추는 맵지 않게 되고 씀바귀는 쓰지 않게 되어가는 세상인데, 네가 왜 고추는 매워야 하고 씀바귀는 써야 하는 이치를 일깨워준다.

이삿날, 짐이 도착하기 전이었나 봐. 미리 찾아온 지인들에게 연밥을 지어 나눠주며 원추리 이파리를 나무젓가락 받침으로 대용하더구나. 상큼한 센스가 물 한 방울을 튕기더라. 짐꾼들을 위해 시루에 솔가지를 얹고 돼지 삼겹살을 올려 쪄내어 대접하는 모습에서 네 생각을 보았지. 우리들의 엄마를 보았어. 생각이 삶을 만들어가듯 엄마들은 삶 자체가 오만하지 않았잖아. 그러니까 감, 콩, 고구마, 감자를 걷을 때 까치밥을 남겨두고 두더지 몫도 남겨 놓았지. 그것은 완전하지 않고, 어딘가 모자라고, 누구한테든지 심지어 날짐승한테까지 자기를 숙이는 심성으로 살았다는 얘기야.

그렇듯 함부로 살지 않는 네가 정말 예쁘다.

효재야, 멋있구나, 네 빛이.

눈을 감게 하는 강렬함이 아니라 마음에 스며드는 은은하고 부드러운 빛으로 반짝거린다, 네가.

자연은 작으면 작은 대로, 모자라면 모자란 대로 타고난 재능과 아름다움을 최대한으로 발산하지. 그것을 너는 진작에 알고 있었네. 그래서 마당 하나 가득 자연을 들여다놓고서 오가는 이들을 즐겁게 해주는구나.

너는 켜켜이 쌓여 단단해져 버린 옛날을 갈아엎는다. 그리고는 숨구멍을 뚫어 그 안에 잠든 물건들이 기지개를 켜며 일어나 살아나도록 하네. 쓰지 않는 큰 장독 항아리를 엎어 테이블을 만들고, 길쭉하니 작은 항아리는 엎어서 의자로 쓴다. 금방 쉼터 하나가 생기더구나. 재치가 앙증맞기 그지없다.

아무것도 없는 집인 것 같은데 없는 것이 없구나. 소박하면서도 눈길을 사로잡는 것들이 무수하다. 아기자기. 네 집 곳곳에 바람이 불어왔다가는 머물고 쌓이고 흐르고 있다. 너만의 에덴동산에 따사로운 정서가 펼쳐져 있다고 친절하게 속삭여주면서 말이야. 노는 햇볕에 살림살이를 널 줄 아는 너. 살림이란 맛을 알고 있는 너. 카메라 앵글에 비친 네 집 구석구석이 호강에 겨워 매화타령이다.

사람은 사람을 통해 배우고 채워지고 바뀐다. 너는 손끝에, 시선에 사랑과 정성을 담아 평범한 일상을 아름답게 꾸미고 있다. 진정한 살림살이꾼이야. 그래서 사람들은 네 살림살이를 따라하고 싶어하는 모양이다.

혼자서 하는 헛소리가 아니다. 벗들과 네 집에 모여 아름다운 추억을 사고, 오래된 기억을 건네받고 싶다. 훈훈해진 공기만큼이나 이야기가 백화난만하게 이어지면 그 속에서 전해지는 깨달음의 무게가 녹록지 않을 것이야.

마샤 스튜어트가 미국을 대표하는 살림의 여왕이라면 효재야 너는, 우리나라를 대표하는 살림의 귀재다. 지금 너는 네가 가장 잘 알고 있는 지천명의 공기空氣를 포착하고 있다. 네 살림살이는 명상이야. 조용한 공간에 들어가 눈을 감고 바른 자세를 취해야만 명상인가, 어디. 마음의 순수를 찾으려는 노력이 명상인 만큼 길을 걷거나, 일에 매달리거나, 사람들과 대화를 할 때도 얼마든지 가능한 것처럼 네 살림살이는 명상이다. 이 생각에서 저 생각으로 넘어가기 전, 빈 공간에 잠시 머묾 같은 것이랄까. 서두름 없이 모든 것을 순한 방향으로 이끌어간다. 그래서 솔바람인 양 편안하다.

반가운 친구여,

소중한 친구 효재여.

"팍, 팍, 팍, 살림의 귀재로 영원하라!"

(『수필과비평작가회의 동인지』, 2008)

백련화

백련향을 들이켠다.

흐트러지지 않고 다소곳이 홀로 핀다는 백련화. 자태만큼이나 냄새가 깊고 그윽해서 홀린 듯이 빠져든다. 내친김에 실컷 자맥질이나 해보련다.

그 백련향은 꽃술이 풍겨내는 내음이 아니다. 꽃잎이 자아내는 모양새는 더더욱 아니고, 꽃씨방이 뿜어내는 기운도 아니다. 백련화를 닮은 사람의 정신 속에 아리하게 사무쳐 있는 향기다.

겉모습은 그저 수수할 뿐이다. 언뜻 세상의 미련을 홀연히 떨쳐버린 이의 모습이 스친다. 우수에 젖은, 아늑한 눈빛을 가졌다. 누에 실처럼 뽑아내는 말속은 나긋나긋하다. 점잖으면서도 은근한 힘이 지그시 흐른다.

본디 그대로의 사람을 좋아하는 이. 그는 슬픔만 한 아름다움이 없고, 맑은 눈물만 한 정이 없다고 믿는다. 하늘의 말을 따다가 별같이 흩뿌려 놓기도 한다. 다 못 줘서 애가 타는 사랑으로 울고, 저린 아픔으로 삶을 끌안는다. 세월 속에서 낚아 올린 질퍽한 생生놀이 타령을 한 마당, 두 마당… 쉰 마당이나 읊어 놓았다.

가슴이 마르고 목이 타는 갈증으로 무엇인가를 찾아 헤매던 중이었다. 우연히 떠난 나들이에서 마주친 백련화. 어찌 취하지 않으리. 어찌 빠져들지 못하리.

숱한 날들이 흘러갈지라도 내 가슴에 고여 있을 백련향이다. 백번을 버려도 버려지지 않는 것이 과거라 했으니, 지나갔다 한들 무엇이 없어질까. 백련향은 살아서 숨 쉬는 생놀이마냥 영원히 내 안에 머물 것이다.

들숨으로 백련향을 마신다. 어떤 깨달음이 물살지어 밀려온다. 얼른, 향기 끝자락에 인연의 끈을 리본해서 묶는다.

백련화, 그 꽃물이 들고 싶어서…….

(『수필과비평』, 2002)

심천心泉

봄 가뭄 끝을 보셨나요. 비 내리기 직전이 되면 나무들은 가지 끝에 물방울을 맺는다고 합니다. 비 마중하는 것이라네요. 미리 젖어 있어야 더 잘 젖을 수 있다는 것을 알고 있나 봅니다.

나도 한때 새로운 생명을 얻고 싶어 하는 나무처럼 봄비를 기다린 적이 있습니다. 생각에 가난이 들면서 마음이 점점 메말라 가고 있을 때였지요. 싫어지는 일들이 늘어나고, 그런 것들이 마음안에 채워지면서 잡아줘도 서지 못할 만큼 힘을 잃어가고 있었습니다. 믿음과 불신 사이에서 일어나는 아리한 통증에 시달렸습니다. 겨우내 혼자서 푸르러야 하는 사철나무의 외로움을 앓아야 했습니다.

우연이었겠지요. 아니 필연이었을 겁니다. 비가 내렸습니다. 해갈을 돕는 목비였습니다. 세찬 빗줄기가 호통치면서 나를 흔들어 깨웠습니다. 빗물은 천지사방으로 갈리면서 메말랐던 생각사이사이에 물꼬를 이어댔습니다. 적심과 씻김을 거듭했습니다. 마치 굿거리하듯이 말입니다. 덕분에 나는 생각을 일으켜 세우고 몸을 추스를 수 있었습니다.

내가 달고 있는 잎새에 푸른 윤기가 돌면서 제법 모습을 갖추게 되었습니다. 낮에는 푸른 하늘을 동경하고, 밤에는 별들의 반짝거림만 올려다보았습니다. 그런데 자꾸 고개가 뻐근해졌습니다. 할 수 없이 고개를 숙이고 땅을 내려다보았습니다.

땅을 내려다본 것은 정말 잘한 일이었습니다. 내 곁에서 퐁퐁 솟고 있는 심천心泉을 발견했기 때문입니다. 주변에는 꽃들이 즐비하게 피어 있었습니다. 흰나팔꽃, 종설란, 상사화, 야생매화, 백련화…. 어울려 지내면 더 이상 메마름이 없을 거라는 촉촉한 마음을 건네받았습니다. 고마웠습니다. 나는 그 샘물에 내 모습을 비추기 시작했습니다. 맑은 옹달샘은 온 마음 다하여 비춰주었습니다. 몸 낮추어 얻게 된 선물이었습니다.

'심천'은 하고 싶지만 하지 않고 숨겨두었던 말을 꺼내어 시를 짓는 시인입니다. 말言허리를 돌리기도 하고 감추기도 하면서 철철 삭아 내리는 어리굴젓 속 같은 세상을 얘기합니다. 왜 아프게 살아야 하는지 외치고, 왜 완전한 휴식 같은 자유를 누려야 하는지 귀덧나게 노래부릅니다. 월드컵 축구처럼 몸살 나는 재미를 던져주기도 합니다. 실로 일상에 갇혀 있는 삶을 우주의 뜨락에 풀어놓습니다.

그의 시구들은 이야기를 구워 입에 친한 맛을 주면서 정들게 합니다. 먹어도 먹어도 자꾸만 먹고 싶은 음식 같은 오묘한 매력을 풍겨냅니다. 여운을 감돌게 합니다. 소주잔을 비운 다음 '캬!' 하는 탁음이 곁들여 있고, 막걸리를 마신 후 손등으로 입언저리를 슬쩍 닦아내는 멋이 깃들어 있습니다.

나도 모르는 사이에 심천은 내 문학의 안식처가 되었습니다. 그에게 마음을 내려놓습니다. 정이 깔려있는 짭짤한 말맛이 좋으니까요. 무엇보다도 따뜻하고 평안하기 때문입니다. 그에게 기대어 상상력을 키웁니다. 광활하고 방대한 벌판을 가지고 있으니까요. 무엇보다도 새롭고 신기한 물상들이 모여 들끓고 있어서입니다. 그에게서 신천지를 발견합니다. 땀 흘리며 노닐기에 신바람 납니다. 무엇보다도 위로가 되는 까닭입니다.

세상에 그냥 생겨난 것은 아무것도 없을 겁니다. 심천 역시 어려움과 아픔을 삭여내고 녹여낸 마음에서 솟아올랐습니다. 더러움과 흉악함을 참아내고 헹궈낸 정신에서 솟아 나왔습니다. 머리와 어깨 위에 올려진 부와 영화를 내려놓고 벗어낸 생각에서 피어올랐습니다. 그렇게 살아온 날들을 들려줍니다. 눈물 나게 합니다. 어찌하여 심천이란 호號가 붙었는지 연유를 알 것 같습니다.

이런 심천과 어우러질 수 있는 것은 커다란 행복입니다. 사주팔자가 그려놓은 행운입니다. 하늘이 맺어준 인연입니다. '사람을 마음에 담는 것이 이런 거구나.' 깨달음을 줍니다. 가슴이 뭉클거립니다. 너와 나 하나로 두루뭉술이가 됩니다. 수많은 변화

속에서도 불변으로 남아 있을 심천이니까요.

'심천'은
'성부동남姓不同一'입니다.
아름다운 사람입니다.
좋은 친구입니다.

(『참 소중한 당신』, 『대한문학』, 2004)

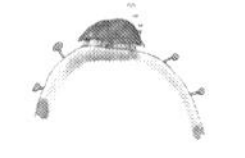

사람 만들기

언어영역, 수리영역, 외국어영역, 과학탐구영역, 사회탐구영역.

청소년들이 한 짐은 이고, 한 짐은 짊어지고 장애물 경주를 한다. 앞서거니뒤서거니 땀을 뻘뻘 흘리면서 형설지공螢雪之功, 고군분투孤軍奮鬪, 마부위침磨斧爲針, 분골쇄신粉骨碎身…, 멈춤이란 있을 수가 없다.

생의 주춧돌을 삼느라 뼈를 깎는다. 자기만의 색깔을 거침없이 드러내는 일, 상식을 깨뜨리는 자유분방한 상상, 온 가슴이 들끓는 감정은 일단 접는다. 그리고는 스스로 이해할 수 없는 경쟁 속에서 공포감을 끌안은 채 달리고 있다. 도망치려 해도 도망칠 수 없고, 벗어 던지려 해도 벗어내지 못하고, 내려놓으려 해도 놓아지지 않으니 그 짐을 기꺼이 진다. 가져 보지 못한 것을 가져보는 일이고, 가보지 못한 길을 가보는 걸음이기 때문이다. 자신을 돌올하게 세우는 노동이며 어른이 되기 위해 자기 나름의 양식을 만드는 작업인 까닭이다.

청소년기를 무한한 가능성의 시기라고 했다. 사실 이 말에 심금을 울리고 인생의 큰 변화를 맛보는 아이들이 얼마나 될까? 경험이 부족해서, 앞에 놓인 정체를 도무지 알지 못해서 하루에도 몇 번씩 주저앉고 싶은 마음이 생겨날 텐데. 손바닥 보듯 확실한 지금에 안주하고 싶어 할 텐데. 그러나 내가 나를 버린다 해도 나를 포기하기 않고 사랑하는 사람들이 있어, 용기를 얻고 용기를 낸다. 나와 친구, 친구의 친구, 그 친구의 친구들이 모두가 동참한 경주이기에 힘을 얻고 힘을 낸다.

몸은 고되고, 잠은 쏟아지고, 열심히 하는데도 제자리걸음일 때면 휘청거린다. 남들은 저만치 달려가고 있는데 나만 뒤처진 채 엎어져 일어나지 못하는 것 같아 자괴감에 빠진다. 그렇게 흔들리다 죽비 한 대 맞은 듯 정신을 차린다.

바라보는 어미아비들도 애가 마른다. 사람들 모두가 메고 가는 삶의 짐은 언제나 만만치 않다. 모두가 힘들지만 좀 더 당당하고 씩씩하게 살기에 그 짐이 가벼워 보일 뿐이라며 힘을 불어넣는다. 그리고 간절히 그들의 몸속에 있는 신뢰호르몬에게 청을 올린다.

마음이 깊어져 흔들림이 적어지게 해달라고. 무거운 생각이든 어두운 양심이든 그들의 말을 사랑으로 들어주라고. “지혜로운 이는 독립과 자유를 찾아 무소의 뿔처럼 가라. 소리에 놀라지 않는 사자처럼, 그물에 걸리지 않는 바람처럼, 진흙에 더럽혀지지 않는 연꽃처럼 무소의 뿔처럼 가라."고 한 수타니파타가 되어주라고…….

"아들들아, 고지가 바로 앞에 있다!"

(미발표)

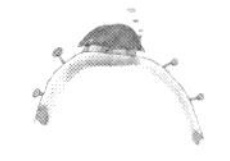

풍경 속의 작은 풍경

'나'를 즐겁게 해주는 아름다운 것들을 적어보라. 쉰 개, 백 개, 천 개, 만 개가 넘도록 적을 수 있다. 주변에 놓여 있는 삼라만상은 모든 즐거움과 아름다움의 조건들이다. 삶의 즐거움을 아는 사람에게는 젓가락만으로도 온통 즐거울 수 있고, 나뭇잎 하나에서도 아름다움을 찾으며, 풀벌레 소리만으로도 기쁨의 노래, 감사의 노래를 부르게 된다. 이렇듯 우리는 아주 작은 것에서, 별것 아닌 모습에서, 심지어 보잘것없는 사소한 일에서조차 아름다움을 발견한다.

얼마 전 부산발 서울행 KTX 열차에서 상큼한 풍경을 목격하였다. 대전까지 비어 있던 내 옆 좌석에 중년여인이 탔다. 여인은 피곤했는지 곧 잠이 들었다. 기차가 조치원에서 잠시 정차했을 때 한 청년이 탔다. 청년은 여인의 좌석 앞에서 머뭇거리다가 지나갔다. 기차가 수원역에 닿자 여인이 달콤한 잠에서 깨어났다. 청년이 다가와 조심스럽게 좌석번호를 물었다. 확인 결과 번호는 정확했지만 여인이 승차시간을 잘못 알고 한 시간 앞서 탄 것이다.

"어머 이 일을 어쩌나 미안해서. 깨우지 그랬어요?"

"너무 곤하게 주무셔서 차마 깨울 수가 없었습니다. 괜찮습니다."

순간 청년에게서 빛이 나는 듯했다. 푸근하기도 하고 사랑스럽기도 한 참으로 아름다운 풍경이었다. 예전에는 심심찮게 볼 수 있었으나 요즘에는 어림짐작도 하기 어렵다. 그만큼 사람들의 생각은 비정하리만치 똑똑하고 약아졌다. 온정도 허옇게 탈색되었다. 젊은이들이 어른공경을 등한시하는 일도 보편화된 지 오래다. 약인 줄 알고 먹기 시작한 편리한 지식이 어느새 누군가에게는 독이 되고 있었던 것이다.

비록 각박해졌지만 즐겁고 아름다운 사회를 위해 촌스러운 그 옛날의 마음이 많아져야 할 필요가 있다. 젊을수록 더 고구마 같고 황토 같은 마음을 가져야 한다. 모니터 안의 인터넷 유머에 키득거리는 메마른 마음보다도 고구마 방귀처럼 냄새나는 웃음을 웃을 줄 아는 마음들이 즐거움을 안겨주고 정을 돈독게 하는 까닭이다.

그것을 말로 표현한다면 사랑이다. 즐겁게 해주고 아름답게 하는 말 중에서도 으뜸인 사랑. 하지만 사랑이란 말로도 다 채우지 못해 부족할 때가 많다. 그래서 하느님도 따사로운 봄볕에

아지랑이를 만들고, 붉게 타오르는 노을을 그렸는지도 모른다. 아지랑이를 보면서 눈물짓고, 노을을 보면서 다짐하고, 늘 새롭게 사랑하는 마음을 가지라고. 그 청년처럼 아름다운 풍경을 그려 보라고.

(「가톨릭 주보」, 2008)

수필로隨筆路의 마라토너

수필로隨筆路는 42.195km의 한정된 길이 아니다. 모방에 의한 쉬운 길이기도 하지만 사색에 의한 높고 깊은 길이며, 경험에 의한 고통스러운 길이다. 영속성을 지닌 끝없는 길이다.

그 길을 한 사나이가 달리고 있다. 소리라도 한 번 지르지 않으면 가슴이 터져 버릴 것 같은가 보다. 그래서인지 누구보다도 열정적으로 쉼 없이 뛴다. 그 길 때문에, 그 길 덕분에 그의 마음은 깊어지고, 깊어지면서 끝없이 넓어지기에 속도를 늦추지 않는다.

그가 눈재 한상렬 선생이다.

그는 지독히도 수필을 사랑한다. 수필이 없다면 그의 삶에 어떤 의미가 있을까. 그는 자신이 수필에 미쳤다고 스스로 말한다. 그러나 세상 모든 일이 미치지 않고서 성취할 수 있는 일이 있기나 한가. 그의 미침은 정신에 이상이 생겨 말과 행동이 여느 사람과 다른 것이 아니다. 그의 내적인 영향력이나 작용력을 송두리째 수필에 활용하는 것이 보통사람과 다른 것이다. 그래서 치열한 노력의 미침은 그에게 아름다움 자체라 할 수 있다.

내가 수필이라는 유니폼을 입고 수필로隨筆路에 발을 내디뎠을 때 내 마음의 상태와 모습은 마치 촌뜨기 산골아이 같았다. 산골아이가 대도시로 오게 되면, 놀라우면서도 두렵기도 하고 어설프면서도 초라한 모습을 벗기 어렵다. 그런 내게 눈재는 선배로서, 선생님으로서, 동행자로서 함께 달릴 수 있는 용기를 주셨다.

『수필과비평』에서 월평을 맡고 계실 때다. 본래 신인 당선작은 심사위원들의 평과 함께 등재되기 때문에 월평에서는 대체로 다루지 않는 편이다. 수작이거나 평론의 주제에 맞는 글들을 대상으로 평설하는 것이 관례처럼 되어 있었다. 그런데 당시 아무것도 몰랐던 내게 자상한 한 선배가 월평을 읽어보라는 전화를 주었다. 눈재는 나의 등단작인 「그믐달」을 깊은 사유로부터 우러나온 글이라고 했다. 오랜 가뭄 끝에 단비를 만난 것처럼 마음을 촉촉하게 적셔주어 기쁘다고 하면서 가능성 덩어리라는 평을 내렸다. 그 말이 내게는 '너는 장차 위대한 인물이 될 거야.'라는 어머니의 믿음과도 같은 것으로, 내 안에 자신감을 키워주었다. 눈재와의 만남은 얼굴도 모른 채 그렇게, 작품으로 마음과 생각을 읽게 되면서 시작되었다.

인생에 있어 만남만큼 중요한 것이 또 있을까. 어떤 사람을 만나느냐에 따라 천국을 짓기도 하고 지옥을 만들기도 한다. 또는 군주가 되기도 하고 양상군자가 되기도 한다. 좋은 만남은 세월이 흘러 망연히 자신을 돌아볼 무렵이면 멀리서 말없이 비춰주는 등대가 되어있음을 깨닫게 된다. 수필로隨筆路에서 눈재와의 만남은 우주의 도움이 있었던 것으로 생각되기에 필연적임을 부인하기 어렵다.

나는 선생의 성함보다 '눈재'라는 호를 좋아한다. 왠지 친근감이 가고 정스럽다. 그래서 버릇없이 보이지만 호를 부르기도 한다. 눈재의 '눈'은 하늘에서 내려와 땅 위의 모든 더러움을 깨끗하게 묻기도 하고, 추위에 떠는 산천초목을 포근히 덮어주기도 하는 하얀 눈을 말한다. '재'는 높은 산의 마루를 이룬 곳으로 길이 나 있어서 사람들이 넘나들고, 가쁜 숨 몰아쉬며 쉬어가는 고개를 가리킨다. 눈 덮인 고개라, 그곳이야말로 그의 삶의 의지와 목적과 자세가 담긴 하얀 눈 쌓인 수필산의 영嶺을 뜻함이 아닌가. 어떠한 고통일지라도 극복하고, 피땀 어린 노력에 매진하여야 그 산의 고개에 다다를 수 있음을 의미하는 것이리라.

눈재는 생살이 계속 돋는 삶의 맛을 터트리기 위해 수필을 쓰려는, 수필가의 지적능청과 엄살의 달콤쌉싸름한 맛을 알고 있다. 내과 의사가 능숙하게 사람의 속을 보지 않고 소리만 듣고도 알아내듯이 수필의 속을 볼 줄 안다. 부글부글 끓고 있는 증오심들, 깊은 사유가 없는 피상성, 소박하고 검소한 생각, 천길 사람 속을 평론이란 도구를 통해 끄집어낸다. 눈재의 시각은 밝고 날카로워서 일상이라는 진부한 울림 속에서도 삶을 이끄는 생명력을 발견해낸다. '나도밤나무' 하며 어설피 게걸음을 치고, 서투르게 모창模唱을 한 글들을 한눈에 캐어낸다. 주변 눈치나 살피면서 시류에 영합하려는 글 자세, 느긋한 안일과 자만에 젖어 있는 마음들을 용케도 알아차린다. 눈재는 항상 눈 도수를 높이기 위해 외롭지만 아름다운 달리기, 어렵지만 진취적인 달리기를 마다하지 않는다. 수필을 쓰는 수필가로서, 평론을 하는 평론가로서, 창작법을 가르치는 지도자로서 흐트림 없이 자신을 곧추세운다.

그가 새롭고 낯선 시각을 가질 수 있는 것은 수필에 대한 남다른 깊은 사랑으로부터 시작되었다고 본다. 수필창작이 정년 후의 취미로 제격이라고 생각하는 사람들과는 비교할 수 없다. 수필계를 인기나 누려보려는 연예계나 정치계로 착각하는 위인들과는 분명히 다른 것이다. 수필로隨筆路는 진정 수필을 알고 사랑하며, 수필을 즐기고 위하며, 수필을 성장시키고 곧게 세우는 사람들이 경주하는 길이다. 눈재야말로 수필로隨筆路의 진정한 마라토너다.

그는 수필문학의 번영을 위해 오늘도 달리고 있다.

나도 동행자가 되어 수필문학 발전을 도모하기 위해 열심히 달린다.

(『나의 인생, 나의 수필이여』, 2007)

제3부

샛길을 걸으며

삼백만 원짜리

제맘같다고 생각했겠지 소담스러운 착각이었다
운이나쁘다 재수가없다 마음편하게 웃어넘기자
돌이켜본들 울분만나니 잊어버림이 상책이리라
큰세상사에 비교하며는 그만한일이 구천만다행
감사하다고 감사하다고 머리조아려 위로해야지
첫째아이가 애지중지한 노트북가방 잃고말았다
학교도서관 책상위에서 머리맞대고 작업하던중
하필그때에 약속했듯이 배가살살살 아파왔을까
꾀부렸으면 화장실까지 가슴에안고 갔을터인데
다녀온사이 감쪽같게도 행방불명된 노트북가방
도둑잡아라 소리한마디 내지못한채 당해버렸다

제맘같다고 생각했겠지 자연스러운 착각이었다

이십년지기 여자셋이서 모일적마다 부어모은돈
천구십오일 삼년가득히 꾹꾹누르고 밟아다져서
낫가리모양 피라밋모양 만들어숨긴 삼백만원정
비밀주머니 채워보기는 태어난이래 처음있는일
억만장자가 아니부럽고 천석만석꾼 아니겁났다
남편모르는 비상금이니 둥실두둥실 마음부풀어
바다가되고 태산이되고 구름이되고 하늘이됐다
천하대장군 지하여장군 천군만마를 거느린듯이
뿌듯해졌다 넉넉해졌다 든든해졌다 당당해졌다
세여자들은 빈자부자를 모르고지낸 보통사람들
작고도작은 일상하나에 마음얹혀서 여유누리며
여행을간다 무스탕산다 기부금낸다 아름다운꿈
나름나름의 수수한기쁨 몽실몽몽실 피어올랐다
눈을통하여 코를통하여 입을통하여 귀를통하여
얼굴얼굴로 번져나왔다 밝고환하게 흘러나왔다

아버지라는 도량을보면 깊고도너른 호수같아서
돌을던져도 이내파문을 감춰들이며 끌어안는다
그런연유로 아들녀석은 아빠편이다 정해졌던가
심장과같은 남편과함께 신년음악회 감상을하고
촉촉이젖은 여운담은채 현관문열고 들어서는데

두아이들의 공손한인사 여느때처럼 변함이없다
엄마눈코치 채지못하게 태연자약히 은밀히살짝
옷자락끝을 잡아당기며 저희아빠를 불러들인다
맺힌말들을 풀어내는가 풀린말들을 엮어내는가
도란거리는 이야기소리 한참동안을 흘려보낸다
남자들만의 이야기라고 생각하니까 샘도안났다
무슨얘긴지 알수없으나 은근한소리 행복하였다

밤이지나고 밝은햇살이 거실안으로 자리옮길때
애들아빠는 머뭇거리다 낮은목소리 가다듬는다
아무런말을 하지않기로 어떤눈치도 주지않기로
손가락걸어 도장찍으며 철통과같이 약조하잖다
아이을위해 우리를위해 한걸음나가 평화를위해
아들아빠편 아빠아들편 서러운마음 어찌할텐가
자식앞에는 아까운것도 부족한것도 없지않은가
삼십일동안 활기채우던 삼백만원의 값비싼여유
고스란하게 노트북비용 삯을치른다 삯을치른다
어느때에도 어디에서도 무엇에서도 맛볼수없는
나혼자만이 즐길수있고 은근히슬쩍 기댈수있던
새콤달콤한 순수한여유 고이접는다 접고접는다

어른들만의 일이란것은 알고있어도 모르는듯이
속은울어도 겉으론마냥 웃기만하는 탈바가지다

큰아이인들 얼마큼이나 가슴조이며 걱정했을까
놀란가슴을 분한가슴을 무겁게안고 귀가했으리
돈이란것은 있다가없고 없다가있는 것이니만큼
넘쳐흐르면 거만해지고 부족하며는 고생이된다
생각좁히면 점점커지고 생각키우면 작아지는돈
마음비우면 천국을짓고 욕심채우면 지옥짓는다
큰적선했다 좋은일했다 보시잘했다 큰공부했다
그만한것이 다행이라고 어르고달래 토닥거린다
엄마아버지 두목소리에 화색이돈다 생을배운다
내일아침에 키재어보면 장뼘만큼은 자랐을게다

(『수필과비평』, 2003)

금·아·피·천·득

琴 : 琴兒五月(금아오월)

"나는 오월 속에 있다."

오월에는 조용한 들뜸이 일렁이고, 지나간다와 깊어진다의 간격이 서성거리고, 발갛게 익어가는 봄이 있다. 아지랑이 아물거리는 따순 내음과 연둣빛 풀물 냄새와 꽃잎으로 풍겨내는 꽃몸 향내가 있다.

오월. 금아는 금방 찬물로 세수를 한 스물한 살 청신한 얼굴이라며 오월의 청순함을 시적으로 읊었다. 신록을 보며 살아 있는 사실이 즐거워 고마움을 느끼고, 오월이 주는 깨끗함을 좋아했다. 활기차고 찬란한 오월의 금빛 햇살을 사랑했다. 오월의 경이로움과 감동을 목청 돋워 노래 불렀다. 오월 속에서 자신을 발견했던 까닭이다.

일천구백십년 오월 스무아흐렛날 이 세상에 와서 이천칠년 오월 스무아흐렛날 발인하여 귀천했으니 아흔일곱 생애야말로 하늘이 집필한 수작 시나리오가 아니었겠는가.

"나는 오월 속에 있다."

뇌어보는 것만으로도 큰 울림이 되어 아리아리 퍼진다.

兒 : 兒童天眞(아동천진)

「다친 구두」
새로신은 구두를/ 심사낫븐 아이가/ 코를 밟아 주엇세요//
겁질벗은 구두를/ 옷소매로 닦아도/ 자죽없어 안저요//
아파하는 구두를/ 곱게 벗어 안고서/ 울며 달아 왓세요//
안만 다친 구두도/ 엄마 입김 쐬이면/ 멋나지 아니 하지요?//

(동아일보, 1931. 7. 15)

「어린 슬픔」
엄마/ 엄마 나를 나주고/ 웨 구찬타고 그러나?//
엄마/ 나는 놀고시픈데/ 무엇하러 어서 크라나?//

(동아일보 1931. 8. 16)

특별히 예쁘지도 않고 가꾸지 않았는데도 만나면 기분이 좋아지고 주눅 들게 하는 사람이 있다. 어린아이다. 금아는 영원한 어린이였다. 늙어서도 늘 어린이의 표정을 짓고, 어린이를 어린 벗이라고 부르며 어린이처럼 살았다. 월드컵 기간에는 붉은 악마 티셔츠를 입고 응원했으며, 딸 서영이가 가지고 놀았던 인형 '난영'을 밤마다 데리고 잤다. 스물한 살이 되던 해다. '나는 놀고 싶은데 무엇하러 어서 크라나.' 하며 드러내놓고 어리광을 부렸다.

금아의 마음 깊숙한 곳에는 순진무구가 실제 하였다. 그래서 천진난만한 아이의 웃음이 멈추지 않았고, 아흔이 넘어서도 '엄마'라고 부를 수 있었는지 모른다. 새 한 마리 죽이지 않은 것도, 햇빛 속에 웃는 미소도 엄마로부터 배우고, 엄마 같은 애인이 갖고 싶다고 고백하였다. 순수다. 누군가의 말처럼 금아는 전생의 업도 없고 이승의 인연도 없는, 한 번도 태어나지 않은 하늘나라의 아이였다.

皮 : 皮裏陽秋(피리양추)

금아는 참회했다, 가톨릭 영세를 받고도 너무 이기적으로 살았다고. 사회봉사를 안 한 것, 소심하고 겁이 많은 성격에 수혜를 받은 엘리트로서 독립운동에 투신하지 못한 것, 일경이 두려워서 도산 선생의 장례식에도 갈 수 없었던 것, 특히 4 · 19때 죽어가는 제자들을 위해 앞에 나서지 않은 것…….

가책, 그 가책이 부과하는 아픔. 가슴에 끌어안고 놓아본 적이 없다. 살아나기 위한 어쩔 수 없는 선택이었다. 그러나 양심과 타협할 핑계가 있다는 사실이 금아는 더 곤혹스러웠을 것이다. 그래서 "부당한 권력 앞에 굴복하지 않게 하시며"라는 『기탄잘리』의 구절을 평생 자신의 인생관으로 삼았다. 보속하려는 마음의 태도였을까. 변변한 세간도 없이 밥상 하나만 놓고 소박하게, 서른두 평 아파트에서 이십오 년을 지냈다. 나중에는 너무 오래 살아 미안하다며 자세를 낮추고, 명예심에서 벗어나 수행 같은 조용한 삶을 살았다. 그의 분별력이었다.

마음에 새겨진 상처. 그 삶을 견뎌내야 했던 처연함과 겪어야만 하는 근원적 슬픔이 곳곳에 깔려있다.

天 : 天衣無縫(천의무봉)

사람의 글품위는 안으로부터 우러나온다. 아무리 필재筆才가 좋다 해도 내면의 당당함과 통제력이 없으면 속절없는 허수아비가 된다. 아무리 필치筆致가 능하다 해도 정직과 배려가 없으면 빈 것의 요란함에 불과하다.

금아는 시를 '산호'로 수필을 '진주'로 생각했다. 깊은 바다 속에 있는 산호와 진주를 캐내지 못한 채 젖은 모래 위에서 조가비와 조약돌을 줍는 듯 글을 썼다고 털어 놓았다. 겸손이다. 그는 다정다감하고 섬세한 서정으로 향긋한 기미氣味와 기쁨의 계기契機를 정성껏 수필로 그려내었다. 간결하고 화려한 비유는 자제했다. 꾸밈없이 자연스럽다 보니 맑고 담백하고 단아하고 향기롭다. 너그러움과 여유도 어울려 있다.

소년 같으면서도 세상을 달관한 노인으로서의 금아. 그는 정갈한 시심으로 글과 마주했다. 글을 쓰는 문인은 이전보다 못한 작품을 내지 않아야 한다는 것을 철칙으로 삼았다. 칠십이 넘으면 글에 욕심이 들어간다며 그 의지를 절필로서 실천했다. 글을 잘 쓰고 못 쓰고를 떠나, 삶이 훌륭하고 비루하고를 떠나 도움은 주지 못할지라도 누累가 되지 말아야 한다는 기본을 밝힘이다.

得 : 得意滿面(득의만면)

나이가 들수록 단단해지는 것이 있다. 아집과 독선과 물질에 대한 지칠 줄 모르는 집착이다. 차라리 치매가 나을 것 같다는 생각이 들도록 늙음을 추잡하게 만든다. 그런 것들로부터 훌쩍 벗어난 이, 세월과 상관없이 소년처럼 순박하고 신선처럼 가벼워 보이는 모습을 보여준 이, 깨끗하고 고결하게 한평생을 살다 간 이, 부자로 사는 것보다 남을 속이지 않으면서도 약간 모자라게 사는 것을 원하고 행하였던 이, 허풍과 거짓이 만연한 사회 속에서도 학식과 덕행으로 남의 모범이 되었던 이…, 금아.

그는 영화배우 잉그리드 버그만을 마지막 애인이라고 부르며 삶을 사랑했다. 바이런과 셸리와 예이츠를 흠모하면서 문학의 길을 걸었다. 잠자는 듯 조용히 숨을 거두는 것을 가장 커다란 소망으로 여겼다. 그 마지막 소망까지 차곡차곡 모두 뜻한 바를 이루었으니 오월의 푸른 하늘은 기쁜 표정으로 가득하다.

(『수필시대』, 2007)

오 분 테스트

'오 분 테스트?'

무더운 여름, 맥주라 생각하고 한 잔 가득 부어드릴 테니 시원하게 들이켜 보세요. 어떤 것의 단맛에 익숙해 있는데 갑자기 쓴맛이 바치게 되는 순간을 맛볼 것입니다. 정수리에 찬물을 쏟아 붓는 깨달음이 느껴질 수도 있습니다. 짧게, 아니면 길게 드러누운 삶의 그림자를 보게 될지도 모릅니다. 궁금증을 안고 지시에 따라가 보세요.

먼저 시계와 흰 백지 한 장과 펜을 준비하세요. 준비 됐으면 문제를 내겠습니다. 시간을 엄수하도록 노력하시기 바랍니다. 1초라도 넘기면 안 됩니다. 단 오 분만이 그대에게 허락된 시간입니다. 자, 시작하십시오.

1. 문제를 다 읽고난 후 답을 적도록 하세요.
2. 마련된 흰 백지 상단부분 가운데에 제목 '오 분 테스트'를 쓰시오.
3. 제목 아래 바른쪽으로 그대의 이름을 크게 한글로 쓰세요.
4. 그대의 한글 이름 밑에 다시 한자로 쓰시오.
5. 한자 이름 옆에 괄호를 열고 '아자!, 아자!, 아자!'라고 쓴 다음 괄호를 닫으세요.
6. 1에서 20번까지 문제 중에서 짝수번호만 왼쪽 가장자리에 매기시오.
7. 가운데 여백에 '송아지' 동요를 쓰되 가운데 '아'자를 빼고 쓰세요.
8. 백지 맨 아랫부분에 '돌고 도는 물레방아 인생'을 쓰시오.
9. 쓴 글자 글자마다 삼각형으로 바리케이드를 치세요.
10. '송아지' 가사 밑의 공간에 8971×6000을 셈하시오.
11. 10번 답 아래 밑줄을 긋고 "와! 돈이다"를 쓰세요.
12. "와! 돈이다" 뒤에 화살표를 하고 그대가 가장 존경하는 분 성함을 적으시오.
13. 그 성함에 직사각형을 친 다음 직사각형 네 꼭짓점에 별을 그리세요.
14. 그리고 존경하는 그 분의 이름을 크게 세 번 부르시오.
15. '아자!, 아자!, 아자!' 아래 일렬종대로 물음표를 10개 그린 다음 그 물음표를 사각형으로 가두세요.
16. 그리고 그 사각형 둘레에 동그라미를 하시오.
17. 백지 가장자리를 돌아가면서 물결무늬로 아름답게 장식

하세요.

18. 그림을 멀리 들고 어떤 그림이 그려졌는지 바라 보시오.
19. 그대는 문제를 거의 다 끝냈습니다. 마지막 문제를 잘 읽어 보세요.
20. 3번과 8번 문제만 답하시오.

"아싸!" 하고 팔로 힘을 찍었나요? 아니면 수렁 같은 허망함을 느꼈는지요? "제기럴" 하며 뺏성을 내지는 않았습니까? 통쾌감이 스쳤다면 다행입니다. 대개는 초대하지 않은 이런 황당한 일들과 부딪힐 정도로 맞닥뜨리게 되지요.

어느 모임에서 주위를 집중시키려고 함정을 파놓고 유인하는 문제에 걸려든 적이 있습니다. 열심히 풀다가 허방을 디뎠지요. 재미로 했기 때문에 이내 툴툴 털었습니다. 그런데 이상합니다. 털어버린 그 사건은 무슨 요량인지 한번씩 불거져 나와 나를 건드렸습니다. 나중에는 이리저리 흔들어 댔습니다. 참으로 별일이었습니다. 생각의 계곡으로 내려가지 않을 수가 없었습니다.

억지로 꺾이면서 생긴 상처와 업신여김을 받으면서 든 푸른 멍이 보이는 듯했습니다. 따져보면 별것도 아닌데 은근하게 기분이 언짢았습니다. 덤벙대다가 잘못을 했든, 쓰일 곳 없는 욕기를 부렸든, 문제를 안이하게 읽어버린 대가로 투자했던 시간과 힘은 고스란히 거품이 되고 말았습니다. 그것이 스스로에게 억울했던 모양입니다. 보이고 싶지 않은 삶의 한 단면을 들킨 것 같아 부끄러웠습니다.

사람들은 실수투성이입니다. 욕심을 지나치게 많이 달고 다니죠. 하지만 어떡합니까. 그것들의 이면에는 성공의 원동력이 되기도 하는 크고 작은 요소들이 별처럼 박혀 있는데요.

그대여,

의아하여 당황했을지 모르지만 문제를 다시 무릎 위에 살짝 올려 놔 보세요. 각각의 문제와 답에서 삶의 면면을 보게 될 것입니다. 깍듯하니 바른가 하면 객쩍어하는 모양이 보이고, 작고 연약하면서도 돋아난 매운 데가 만져질 것이며, 애교스러운 듯 고상한 성품도 한자리를 차지하겠지요. 데데하기도 하고 모자라는 데서 오는 뒤뚱거림도 어른거립니다. 옴파리 같은 생김생김이 눈길을 끌기도 합니다. 싱겁고 짭짤하고 새콤하고 달콤한 맛도 배어 있을 겁니다. 이마에 손가리개를 하고 보면 언뜻언뜻 널려진 세상도 어른거립니다. 익살이 넘치는 뜰, 슬픔이 고여 있는 웅덩이, 고통이 도사리고 있는 구석, 빛나는 듯 말끔한 덕망의 대청마루가 보입니다.

삶의 실체가 별겁니까. 웃다가 울고, 울다가 웃는 울음과 웃음이 우리를 키웁니다. 기쁜가 하면 노여움을 타고, 슬픈가 했는데 즐거워지는 희로애락이 우리를 만듭니다. 언제 어느 때를 막론하고 문제가 일어나며 그 문제의 가장 가까운 답을 찾아가는 일이 세상살이요 놀이인걸요. 한 바가지 물벼락을 맞은 듯하여 차갑고 따분하더라도 시들해지지 않기 바랍니다.

사람을 사람답게 하는 것은 딱 부러지고 야당스럽고 번득이는 현명함만이 아닙니다. 구리구리하고 띨띨하고 자빠지고 깨지는 바보스런 우매함에서 사람냄새가 더 풍겨납니다. 싫어하면서도 되돌아가 껴안지 않고는 버텨낼 수 없는 어떤 것처럼요. 사람들은 실수가 나쁘다고 욕하면서도 계속 저지릅니다. 아마도 세상을 돌아가게 하는 톱니 하나가 바로 실수인가 봅니다.

오 분 테스트.

이것이야말로 그대와 나와 세상 모든 이들의 삶의 놀이가 아니겠는지요.

(『현대수필』, 2005)

트랜스젠더

꽃의 향기는 여하튼 매혹적이다. 그 보이지 않는 아름다움은 소리 나지 않으나 울림 있는 명문장과 같다. 아무도 보고 있지 않는 듯이 추는 춤이고, 어느 누구도 듣고 있지 않는 것처럼 부르는 노래이며, 한 번도 상처 받지 않은 것 같은 사랑이다.

꽃의 자태와 향기는 여인을 연상케 한다. 연하고, 부드럽고, 귀엽고, 예쁘고, 사랑스럽기에 '꽃=여자'의 공식이 자연스럽게 성립된다. 그래서인지 뭇 여인들은 꽃에 비유되는 것을 우쭐한 기쁨으로 여긴다.

가끔 예외를 만난다. 본디 예외는 독특한 존재다. 외돌토리의 슬픔을 독차지하는가 하면 보통을 초월한 깊은 구석을 지니고 있다. 특별한 어떤 것을 내포하고 있기에 평범한 무리로부터 따돌림 대상 1호다. 그러나 그것을 서러워하거나 고민하지 않는다.

밤느정이에서 예외의 능청스러움을 발견한다. '진심'이란 꽃말과는 유다르게 꽃의 생김새부터 '호일 펌'을 한 청년의 머리채 모양이다. 아니 도가머리라고 하는 것이 적절하겠다. 향기 또한 여느 꽃들과는 달리 특이한 색조를 띠고 있다. 여자들이 밤느정이에 비유되는 것을 유쾌하게 생각하지 않는 연유가 된다.

산골짜기 잔설들이 녹아내리는 소리, 나뭇가지에 물이 오르는 소리, 여인들의 마음이 날아다니는 소리, 봄바람에 실린 그런 소리들이 귓등을 타고 놀 때면, 연초록 잎들이 산날망으로 기어오르고 물푸레나무가 물빛 마음으로 흥얼거린다. 하얀 밤느정이도 예서제서 피기 시작한다. 점점… 페스티벌이 절정을 향해 무르익어 가고, 초대된 벌떼들의 향연도 펼쳐진다. 뭉뭉한 열기가 틈도 없이 운집해 있다.

밤느정이는 꽃 잔치가 무색하지 않도록 향내를 쉴 새 없이 토해낸다. 넘침은 모자람만 못하고, 은은할수록 사랑받는다는 정황을 모르나 보다. 풍족한 것만이 능사가 아닌데, 넌지시 찔러주는 충고에도 아랑곳않고 분별없는 저 헤픔을 어찌 막을까. 제 성질이고 제 고집이고 제멋인 것을. 그러나 제멋에의 도취가 남부럽잖은 행복이라 할지라도 가까이하기엔 왠지 거북스러운 강한 냄새는 숨 쉬기조차 용천하다. 마치 후손에게 물려주는 미토콘드리아의 DNA처럼 나타나는, 페로몬 향기라고 해야 할까. 남자의 정액과 흡사한 꽃비린내를 풍겨낸다. 그 특이하고 강렬함은 역겨운 나머지 멀미마저 일으킨다.

오호라! 남성을 상징하는 꽃? 그럴 리가? 아니, 그렇다고 인정할 수밖에 없다. 분명한 것은 암꽃과 수꽃이 한 그루의 나무에서 잎겨드랑이를 통해 피어나는 미상尾狀 꽃차례이고, 소스라칠 일은 이 중 짙은 향기가 수꽃에서 난다는 사실이다. 갑자기 낯익었던 현실이 낯설어진다.

억지스런 발상이라 해도 좋다. 『해리포터와 마법사의 돌』 얘기만큼이나 현실성이 없어 보인다 해도 할 수 없다. 가끔은 환상이 눈에 보이는 현실보다도 더 사실적일 때가 있다. 말이 된다는 생각이 얼핏 스친다. 해서 나는 밤나무에서 자연의, 자연에 의한 성전환 수술이 자행되고 있다고 감히 상상을 한다.

열광의 축제도 서서히 막을 내리고, 밤느정이는 모두들 알고 있으면서 그 누구도 입 밖에 내지 않은 이야기와도 같은, 남성적에서 여성적으로의 변신을 시작한다. 천천히, 몇 달 동안 시나브로 진행된다. 그 시술은 자연의 은밀한 곳에서 조심스럽게 집도된다. 남성적 밤느정이가 하염없이 지고 또 지면서 포침을 박은 각두로 성을 쌓고, 단단한 갈색 껍데기로 담을 치며, 얇은 속껍질로 챙챙 울을 여미는, 여성적 변신에의 혼혈을 기울이는 것이다.

거스를 수 없는 운명
여자이고 싶은 그 마음
첫 번째 두 번째… 열 번째 소망이어라
'하리수'같이 되는 꿈

온전한 여인이 되기까지 아무도, 심지어 하느님도 엿보지 않는다. 시간마저 잠잠하게 기다린다. 기다림에는 주는 것만큼은 아니지만 만분의 일이나마 얻을 무엇이 있는 까닭이다. 그래서 허기인지 목마름인지 모를 그 기다림을 가져야 한다.

밤송이는 두어 계절이 지나도록 고립무의孤立無依의 상태가 된다. 이에 따르는 모진 고통을 감내한다. 그리고 내기에 생을 바친다. 지독한 뙤약볕의 단근질을 견뎌내고, 심술 고약한 태풍에도 맞서 이겨낸다. 즙액을 빨아먹는 왕진딧물, 잎살을 먹는데 죽살이치는 깍지벌레, 인정머리라고는 없는 어스렝이 나방의 헤살을 버텨내는 데 목숨을 건다.

그러구러 좁은 각두 속에서 인내와 함께 여물어가고, 소슬바람이 불면 단정한 제 매무새를 드러낸다. 차오르는 몸을 죄던 철퇴 같은 갑옷을 찢는다. 성곽을 무너뜨린다. 남성적을 완전히 벗어던진다. 굼뜬 듯한 무던함과 진중한 참을성과 질박한 성품이 있어 가능했는지도 모른다. 어두운 굴속에서 사람 되고자 빌며, 기다리며 웅녀가 된 수곰처럼.

딱딱한 밤송이. 그 껍질의 완강함은 융통성이 없어선 줄 알았다. 강인함을 드러내는 것이 아니라 부드러움을 말하려는 고백인 것을 차마 몰랐다. 아뿔싸!

찢어진 각두를 반쯤 걸치고 드러낸 알밤이 토실하다. 탐스러운 자태에 마음마저 풍성해진다. 고동색 외피에 자르르 흐르는 윤기에서 앞가르마 곱게 빗어 넘긴 여인의 쪽찐 머리가 엿보인다. 단정함과 곧은 절개가 섬광처럼 스친다. 조심스럽게 겉피를 벗기자 보늬 차림에서 속치장을 잘한 속곳 바람의 여인이 아름답다. 가슴을 동여맨 속치마의 말기가 얼비친다. 함부로 내보이지 않으려는 여인의 고고함과 넋이 묻어 있다. 다시 보늬를 벗긴다. 몇 달 동안 하양을 달이고 달인 상아빛 속살이다. 보는 이의 숨소리를 잦게 하는 서늘하면서도 고결한 백자가 아닌가. 터질 듯이 차오르는 만월이요, 어떤 삿됨도 끼어들 수 없는 꽉 참이다. 절세가인이다.

(『수필과비평』, 2008)

예심이와 젬마

첫 번째 액자

예심이. 애기다, 세 살배기다. 말을 못한다, 서지도 못한다. 울지 않는다, 칭얼대지도 않는다. 아빠가 누구인지 모른다, 엄마도 모른다. 얼굴생김은 균형을 잃었다, 보드라운 살결도 잃었다. 다운증후군을 앓고 있다, 그리움도 앓고 있다. 미숙 그 자체다, 미숙한 만큼 무르익을 수 있는 여지 그 자체다.

깃털을 세우지도 못하는 한 마리 새다, 날지도 퍼덕이지도 못하는 한 마리 새다. 세상을 보지 않고 만지는 장님이다, 보이지 않는 끈을 따라 다리를 건너는 장님이다. 그러나 말 못하는 마음에 귀 기울이기도 한다, 듣지 못하는 친구의 소리가 되기도 한다. 영아재활원이 제 집이다, 머무는 곳이 제 집이다. 그래도 그 슬픔을 원망하지 않는다, 그 삶을 원망하지 않는다.

배고프고 싶어서 배고픈 사람이 어디 있을까, 조그만 이 사람의 고통이 어찌 이리 깊을까.

두 번째 액자

젬마. 이순을 바라보고 있다, 이천 년 전 골고다에서 십자가에 못 박혀 숨진 젊은이를 지금도 애도하고 있다. 그래서 기도를 밥 먹듯이 한다, 적선을 놀이하듯 한다. 해야 할 수많은 좋은 일 중에 지금 할 수 있는 일을 택했다, 자신이 해야만 하는 일인 양 택했다. 나머지 열정을 그 일에 불태울 테니 저녁노을보다도 아름다우리라, 가을단풍보다도 아름다우리라.

착한 위탁모다, 착한 사마리아 사람이다. 예심이를 통해 얻는 기쁨으로 갑갑증을 해소한다, 목마름을 해소한다. 단순한 해갈이 아님을 느낀다, 조그만 물꼬가 트여 물줄기가 하나 흘러서 들어옴을 느낀다. 예심이가 자신의 삶을 끌어 주고 있다고 생각한다, 예수님이라고 생각한다.

제물이 아닌 마음으로 하는 네 가지 보시를 아끼지 않는다, 희생을 아끼지 않는다. 화색을 띤 얼굴은 미소를 짓게 하고 친절을 가득 채워서 건네는 말은 정스럽기 그지없다, 따뜻하게 대하는 마음은 언제나 정월 초하루이고 호의를 담고 바라보는 눈빛은 편안하기 그지없다.

잘난 체하지 않는 잘난 천사다, 땅에 두 발을 딛고 사는 날개 없는 천사다. 유용하고 능력 있는 것만이 중요시 되는 시대에 사랑의 기적을 소리 없이 울린다, 예심이의 슬픔을 등에 지고 가면서 봉사의 기적을 소리 없이 울린다. 말하지 않고 보여주는 묵묵한 행동, 보여주기 위해서가 아니라 보일까봐 숨어서 하는 행동. 아름다운 사랑이다, 사랑의 아름다움이다. 그래서 흔들림이 없다, 그래서 움직임이 없다.

세 번째 액자

예심이와 젬마. 따사로운 작은 인연이다, 서로를 당기고 있는 보이지 않는 인연이다. 둘이서 얽혀 아픈 데를 치유하고 있다, 조용하고 은근한 힘이 뭉쳐 상처를 치유하고 있다. 그 힘이 세상에 널려있는 수많은 모서리를 감싼다, 세상에 퍼져있는 거친 마음들을 감싼다. 눈에 띄지 않는 구석들을 데운다, 찬 바람을 일으키는 가슴들을 데운다.

술어와 주어다, 주어와 술어다. 서로에게 마음이고 의지처다, 서로에게 생각이고 우주다. 불가능하다고 생각했었는데 예심이를 만나 이해하고 이해하게 되면서 좋아하였다, 좋아하게 되면서 사랑하였다. 머리로 계산하는 사랑이 아닌 가슴에서 새어나오는 동물적인 사랑을 나눈다, 끊임없이 쓰다듬고 아낌없이 흘려보내는 내리사랑을 나눈다. 그냥 가슴에 문지르고 싶은 풍경이다, 오래오래 바라보고 싶은 풍경이다. 목소리만 높은 요란스런 사람들의 말을 뭉개놓는다, 이기의 날이 예리하게 선 사람들의 마음을 뭉개놓는다. 허영이 물살 치는 사회를 호통친다, 어지러이 돌아가는 세상을 호통친다.

네 번째 액자

관객. 부드러운 파스텔화인 줄만 알았다, 가슴에 와 닿기만 할 줄 알았다. 자꾸만 혀에 감긴다, 얘기하고 싶은 욕망의 간지럼이 목에 감긴다.

'쯧쯧 안 된 것, 에구 불쌍한 것.'

생각하며 예심이의 얼굴을 들여다본다, 까만 눈동자를 들여다본다. 순간 안에서 울려오는 소리, 가슴이 무너져 내리는 소리.

'예심이가 불쌍해?', '아니야 예심이는 행복해.'

부끄러운 홍당무가 되어 버린다. 고개 숙인 난쟁이가 되어 버린다. 예심이는 적어도 남이 나쁘다는 생각을 하지 못한다, 남을 미워하는 마음을 갖지 못한다. 남의 가슴에 못 박는 말을 안 한다, 정나미 떨어지는 말을 안 한다.

작고 범상한 한 토막 이야기지만 두툼한 책 한 권 분량의 느낌을 얻는다, 고루한 한 토막 이야기지만 오랜 가뭄에 단비 같은 느낌을 얻는다. 행복이 소유와 성취에서 오는 것이 아니라 아름다움을 발견하는 데서 온다고 눈짓하는 것을 알아듣는다, 현란한 즐거움보다는 수수한 평화로움이 오래간다고 눈짓하는 것을 알아듣는다.

쌍지읒이 들어있는 외마디 단어가 반짝 빛난다, 밝게 빛난다. "찡"하게, "짠"하게.

생각 속의 백태를 씻어낸다, 마음속의 더께를 씻어낸다. 이들의 포근한 이야기는 먼 훗날 한 폭의 병풍이 될 것이다, 이들의 따사로운 이야기는 먼 훗날 한 편의 구비문학口碑文學이 될 것이다. 그래, 예심이의 편이 되어 아픔을 나누어 보자, 젬마를 흉내 내 보자.

(『수필과비평』, 2005)

미안하다 사랑한다

그것은 섞기이며 아우르기이다. 거듭 생각하고 되새겨볼 만한 내용을 담고 있다. 단순하고 기발해서 꼼빡 넘어가겠다. 갑자기 몸에 뜰힘이 든 것처럼 공중에 떠 있는 기분이 된다.

공예품 전시장에서 만난 붉은 나막신. 나무와 수정이 어울렸다. 그림자 한 번 내비치지 않는 붉은 수정과 오랜 세월에 삭아 섬약해 보이는 낡은 나막신이 조화를 이루었다. 둘은 닮은 것이 거의 없다. 굳이 찾는다면 오래 가는 것 하나다. 그 한 가지로 어울릴 수 있다는 것은 온전하기보다는 부족함으로 해서 서로 의지할 수 있음을 나타낸다.

낡은 나막신 앞부분에 박힌 수정 알갱이들이 오만하게 반짝거린다. 그것을 나막신이 겸손하게 감싸 안고 있다. 그래서 꽃신 같다. 그런데 조명등이다. 따뜻함과 차가움이 뒤섞이고, 부드러움과 날카로움이 같이 흐른다. 정교함과 거침이 넘나들고 낡음과 새로움이 드러난다. 참하게 잘도 어울린다.

전시장에 낯익은 음악이 흐르고 있다. 가만히 들어본다. 명인 황병기의 음악이다. 클래식 명곡을 편곡해서 비틀기를 한 가야금 합주곡. 가야금에 미치고, 오래도록 몰두하여 빚어낸 열정의 열매이다. 치열하게 거듭나면서 새로움을 향해 낡은 껍질을 벗으려는 그의 정신으로부터 흘러나왔을 게다. 그 음악이 마음을 흔든다. 가슴 깊은 곳에 뭉쳐있는 뜨거운 무엇을 끄집어낸다. 선 채로 잠시 눈을 감는다. 감은 눈의 동공 위로 반딧불 같은 파란 혼들이 몰려나와 춤을 춘다. 서양과 동양이 만나 한마당 어우러진다. 내 혼에 잠시 충만함이 깃드는 시간이다.

전시장을 나와 가게들이 늘어선 거리를 걷는다. 'C', 두 자를 어긋 포갠 상표가 유혹의 눈초리를 보낸다. 여자라면 갖고 싶어 하는 하나의 표상이 아니던가. 문을 밀치고 들어선다. 한껏 눈요기한다.

실용적이고 편안하면서도 우아함을 잃지 않는 차림새. 시간이 흘러도 변함없는 스타일은 샤넬이 지닌 독특한 매력이었다. 그래서 양갓집 처녀들이 남편감과 맞선 볼 때나, 점잖은 부인들이 특별한 자리에 참석할 때면 샤넬을 입곤 했다. 그만큼 다소곳하고 품위 있는 정장의 대명사로 조신했던 것이다. 그런데 낯선 차림새의 옷들이 태반이다. 오래된 주름스커트와 짧은 운동복 웃옷을 섞어 교복인지, 운동복인지 모를 모양새를 차려놓았다.

엄마의 오래된 원피스를 잘라 블라우스와 스카프를 만들어 걸친 딸의 옷맵시랄까. 누나의 옷장을 뒤져 자신의 바지에 어울릴 만한 셔츠를 꺼내 입은 남동생의 옷차림이랄까. 기존의 옷을 이것저것 겹쳐 섞어 낯선 복장의 양식을 선보였다. 이변이다.

붉은 나막신이 보여준 기발함과 가야금 합주곡이 들려준 비틀기와 샤넬이 내건 모험심. 갑자기 비수가 된다. 내 생각의 정수리에 꽂힌다. 아찔한 통증을 느끼면서도 한편으로는 짜릿하다. 나는 그것들을 끌어다 내 글감의 언저리에 뿌려 놓는다. 언제 싹이 터 열매를 맺을지 모르지만 그것이 커서 이룰 숲을 생각한다. 그리고는 슬쩍 지금까지 걸어온 내 글의 길을 되돌아본다. 가끔씩 쓴 형식 파괴의 글이 보인다. 그것에 대한 분분한 의견도 들린다. 이 말에 흔들리고 저 말에 아파하는 나의 꼬락서니가 얼핏 스친다. 보기 싫다. 해서, 쓰는 일보다 읽는 일에 열중한다. 카프카의 소설에 취하고 이상의 시를 다시 더듬는다. 그들의 상상력에 목이 메이고, 가누지 못할 찬탄의 한숨을 토해낸다. 능청스런 표현과 부드러운 빈정거림에 마음을 달구고, 귀여운 심술 앞에서는 얼음이 된다. 그들은 일반적인 시와 소설로부터 끊임없이 일탈을 하고 있다.

가끔씩 수필에도 그런 바람이 분다. 그러나 고요했으면 하는 마음들이 여럿이다. 틀 안이란 비좁긴 해도 편안감에 안주할 수 있는 배부르고 등 따신 곳이기 때문이다. 하지만 이젠 낡은 것 날려 보내고 새로운 것을 찾아야 한다. 바야흐로 시의 시대도, 소설의 시대도 아닌 수필의 시대라 하지 않던가.

타 장르의 글을 쓰는 어떤 이들은 수필을 심심풀이 여기문학으로 치부한다. 자신의 작품쓰기가 바닥에 닿기 직전이거나 쓸거리가 떨어졌을 때 쓰는 여기 글 정도로 말이다. 심지어 문학임을 부인하기도 한다. 기가 막힐 노릇이다. 손아귀에선 불끈 힘이 쥐어진다. 나는 재능이 모자라서 그런지 쉽게 쓴 글이 거의 없다. 때론 한 줄을 쓰기 위해 한나절을 다 보낸다. 어떤 글감에 대해서는 며칠을, 때로는 몇 달씩 골똘한다. 수필이 왜 그런 대우를 받아야 하는지, 누구에게 그 책임이 있는지, 생각하면 화가 나면서도 어쩌지 못하는 내가 밉기까지 하다.

힘든 길, 고민에 빠진다. 그럴 때마다 질문을 한다. 수필은 무엇이냐고, 수필가는 무엇이냐고. 답은 사람마다 다 다르다. 나도 내게 맞는 답이 있다. 그 답을 잊을까 봐 수시로 질문을 던진다. 그럴 때면 수필은 너 잘 걸렸다는 듯 목소리 높여 꾸짖는다. 호통치며 몰아세운다. 움츠린 채 묵묵히 듣고 있다가 나도 내팽개치겠다고 볼멘소리로 대든다. 그러나 결국에는 꾸지람이면서 칭찬이라는 것을 알아차린다. 코앞으로 끌어당겨 마주앉는다. 힘들지만 내가 비비고 기대며 아끼고 안아야 할 상대인 까닭이다. 툭 터놓고 말할 수 있는 가족이고, 이해를 떠나 기댈 수 있는 안식처이며, 경쟁보다는 관계가 중요시되는 작은 울타리여서다.

수필이 내 눈 속을 들여다본다. 어깨를 도닥거린다. 그러자. 붉은 나막신 모양으로, 가야금 합주곡처럼, 샤넬과 같은 시도를 하기 위해 더 치열해지자. 우르르 몰려가는 무리에서 떨어져 혼자의 길을 찾아 걷자. 사람들이 다녀서 잘 닦아진 길이 아닌, 험

난하더라도 볼 것이 널려있고 생각할 것이 많은 길을 걸어가자. 돌부리에 넘어지고 가시덤불에 할퀴어도 그 길이 다져지도록 걸어가 보자, 다짐한다.

내 안에서 장난감 조립을 부순 후 울면서 그것을 다시 맞추는 아이를 본다. 떠오르는 해를 쳐다보며 희망의 깃대를 꽂는 아이를 본다. 어른만 되면 바랄 게 없는 천하무적의 글쟁이가 되려는 조그마한 아이를 본다.

(『에세이문예』, 2004. 「힘 · 11」로 발표)

예별

숙종대왕이 막 왕위에 오른 1675년쯤이지 싶다.

"동부승지 교지가 내려왔으니 먼저 서울로 올라가라." 부교父敎를 들은 몽룡은 반가우면서도 한편으로 춘향과 이별을 생각하니 앞이 캄캄하고 가슴이 답답하다. 사지에 맥이 풀리고 간장肝腸이 녹은 듯 두 눈으로 더운 눈물이 펑펑 쏟아진다. 불가불 이별을 고한다. 전라도 남원부 월매집 별초당에서 난리가 났다.

"허허, 이게 웬일이오?" 춘향이 왈칵 달려들어 치맛자락을 와드득 좌루륵 찢어버리고 머리를 한움큼 쥐어뜯어 싹싹 비벼 도련님 앞에 내던진다. "무엇이 어쩌고 어째요? 이것도 쓸데없다." 명경面鏡, 체경體鏡, 산호죽절珊瑚竹節 두르쳐 방문 밖에 내던지고, 발을 동동 굴러 땅을 치며 돌아앉아 운다.

"여보 도련님! 지금 막 하신 말씀 참말이오 농담이오? 우리 둘이 만나 백년언약 맺을 적에 대부인 사또께서 시키시던 일이오? 핑계가 웬말이오. 광안루에서 잠깐 보고 내 집에 찾아와서 도련님은 저기 앉고 춘향 저는 여기 앉아 저한테 하신 말씀, '금석맹약 어길 수 없다.'고 전년 오월 단옷날 밤에 내 손목 부여잡고 우둥퉁퉁 밖에 나와 당중堂中에 우뚝 서서 맹세키로 내 정녕 믿었더니, 말경에 가실 때는 뚝 떼어 버리시니 이팔청춘 젊은 것이 낭군 없이 어찌 살꼬. 애고 애고 내 신세야. 모지도다, 모지도다. 도련님이 모지도다. 원수로다, 원수로다. 존비귀천 원수로다. 여보 도련님, 춘향 몸이 천하다고 함부로 버리셔도 그만인 줄로 아지 마오. 팔자 사나운 춘향이가 입이 써서 밥 못 먹고 잠이 안 와 잠 못 자면 며칠이나 살 듯하오? 상사로 병이 들어 애통하다 죽게 되면 슬프고 원통한 이 혼신이 원귀가 될 것이니 존중하신 도련님께 그건들 재앙이 아니겠소? 사람의 대접을 그리 마오. 죽고 싶구나. 나 죽고 싶구나. 애고 애고 서러워라."

~1800년~~1900년~.

2001년 가을이 깊어져 낙엽이 지던 상달. 부산시 해운대구 센텀파크 지인의 집에서도 난리가 났다. 부와 미를 겸비한 어느 여인이 가영이의 애인 기석이의 마음을 사로잡아 채뜨렸다 한다. 기석은 몇 날 며칠을 잠 못 자고 고민하다 두 마음을 가질 수 없어 가영에게 이별을 고한다.

“미안하다. 정말 미안해. 더 좋은 사람 만나 행복하길 빌게.”
“뭐라고? 더 좋은 사람? 다 필요 없어.” 곱게 걸어놓은 커플 티셔츠, 청바지, 목도리를 꺼내 이리 찢고 저리 찢어 기석에게 내던진다. 커플 컵과 사진, 반지와 목걸이도 팽개친다.

“유기석! 그럴 수 있어? 대학에 입학하면서 네가 먼저 사귀자며 다가왔잖아. 대학 생활 전부를 너와 함께 보냈다고 해도 과언이 아닌데, 캠퍼스 곳곳마다 네 흔적이 남아 있고 너와 나를 ‘뫼비우스 띠’라고까지 했는데. 그토록 나밖에 없다던 네가, 이 세상에 다시는 없을 것 같던 네가, 정말 이럴 수가 있니? 내가 가진 것 다 주고 싶던 너였잖아. 내가 나를 싫다 해도 너는 나를 좋다고 했었잖아. 내 슬픔조차도 짊어져 줬고, 너 없는 내 인생과 미래는 생각해 본 적이 없는데 허튼 낭만이었니? 엉엉엉…. 그 사람이 그렇게 좋디? 언제부턴가 네가 이상해지고 있는 걸 느꼈어. 아니라고 애써 외면하려고 했는데 차가운 사실이었어. 너를 바라보며 견디기가 얼마나 괴로웠는지 알아? 너로부터 내가 먼저 도망치려 했고, 하루에도 몇 번씩 포기하기도 했어. 하지만 너 없이는 살 수 없을 것 같아 다시 만나기를 반복했어. 그런데 헤어지자고? 미안하다고? 미안하다면 다야? 내 안의 너는 어쩌고. 흑흑흑…. 어~, 그래. 이것이 우리 두 사람을 위한 것이고, 이제는 내가 부담스럽고, 이렇게 지속해 봐야 상처뿐이고, 지금은 아파도 헤어지는 것이 서로를 위해 낫다고? 그럼, 눈물로 매달릴까? 네 집 앞에서 기다릴까? 등 돌린 만큼 어려운 게 사람이라더니 냉정하고 잔인하게 변해버렸구나. 이제는 아무리 침착하려고 해도, 더 담담해져야 한다고 애를 써도 잘 되지 않아. 네가 없는 내 모습, 네가 없는 내 삶을 어떻게 지탱해야 할까. 내가 바보구나. 희망이 없다는 걸 알면서도 보고 싶어 하고, 전화를 기다리겠지. 시간이 약이라고 했니? 얼마나 시간이 지나야 잊을 수 있겠니? 가슴이 너무 아파 숨 쉬는 것조차 어려운데, 으흐흐……."

애간장이 끊는 저 아픔을 어찌 위로해야 할까. 언제나 꽃길을 걷고 이슬을 마시는 것만이 사랑이 아니잖은가. 차라리 사랑의 허울을 쓰지 않았더라면 좋았을 것을. 그러나 춘향이여! 가영이여! 서러워 마세요. "탈 대로 다 타시오 타다 말지는 부디 마소…." 하는 노래도 있지마는 그대와 그의 인연은 여기까지인 것을 어쩌겠어요. 피멍이 들도록 붙잡는다고 해서, 애가 말라 피골이 상접해진다고 해서 인연이 지속되는 것은 아니잖아요. 끊어진 인연이 아니라면 다시 만날 좋은 날 있을 거예요. 우리는 살아가는 동안 이곳에서 저곳으로, 자신에게서나 타인에게서 떠나고 떠나지만 몇 번이나 새롭게 돌아오고 또 돌아오고 있어요. 비와 눈과 구름과 안개같이 세상 끝까지 갔다가 다시 돌아옵니다. 그 옛날의 춘향과 몽룡이나 지금의 가영과 기석이의 다이내믹한 이별은 그들의 삶에 더할 수 없는 풍취가 될지도 모릅니다. 그대들 삶의 통과의례 몇 번째에 속해 있는 하나의 역경이라 여겨보세요. 이별을 통해서만이 얻게 되는 어떤 커다란 행운이 기다리고 있을 것입니다. 골이 깊으면 깊은 만큼 산은 높잖아요.

세월은 굴러가면서 씻고, 쓰다듬고, 벼리고, 달궈서 세상 사람들 마음을 죄다 바꿔 놓았어요. 옛날과 지금은 빗대기가 어려울 만큼 변해버렸지요. 그런데도 만남의 달콤함과 헤어짐의 쓰라림은 고금이 조금도 변하지 않았습니다. 하늘을 찌르던 기쁨이 바다 속 해구海溝까지 뻗는 아픔으로 변했을지라도 그대들의 별리는 청춘이기에, 새로운 만남의 시작을 예고하는 청춘의 몌별이기에, 아름다워요.

(『수필시대』, 2006)

너무나 잘 아는, 그래서 더 모르는

1. 마음

밖의 날씨가 개든 흐리든 마음은 밝고 맑아야 하는데 그것이 여의치 않다. 어쩔 수 없는 날씨야 어쩔 수 없다 하더라도 어찌할 수 있는 마음은 어찌해야 하는데, 그 마음조차 뜻대로 되지 않는다. 살아가면서 마음대로 되는 일이 얼마나 될까.

마음에 기쁨이 차올라 보아라. 온 세상이 제 것이 된다. 센 바람에 이리저리 나뒹구는 흰 비닐봉지조차 아름다운 풍경으로 보인다. 꽃잎의 다정한 말을 알아듣기도 하고, 바람소리의 깊은 속뜻마저 캐어 읽는다. 모든 것 받아 안을 만큼 넓은 마음이 된다.

마음은 하얀 종이다. 어떤 그림을 그리느냐에 따라 종이의 값어치가 바뀌듯이 물감이나 붓, 그리는 사람에 따라 섬김도 받고 사랑도 얻는다. 또한 미움을 사고 찢기는 아픔도 겪는다.

투박해 보이기는 하나 만지면 부드럽고 푸근한 마음. 겉은 말끔해 보이는데 속은 아수라장인 마음. 아주 예뻤던 친구를 만났을 때 '너도 별수 없이 늙는구나.' 하는 안도감과 '너만은 그대로였으면 바랐는데.' 하는 안타까움이 절묘하게 버무려지는 마음. 어디서 생겨나는 것일까.

울분을 가득 담은 채 끄떡도 않던 마음이 가장 단순하면서도 따스한 한 마디의 말에 스스로 녹는다. 역시 표현이라는 피는 마음을 위로하는 데 필요한 수단이다. 그 피가 돌지 않으면 심맥경화증心脈硬化症에 걸릴 수밖에 없다. 그래서 사람들은 행동으로, 표정으로, 말로 마음을 드러낸다. 변명이나 신음소리를 내는 것도 견딜 만한 괴로움이지만 그것을 내세워 무엇을 얻고자 하는 꿍꿍이셈이다.

마음은 이처럼 야릇하고 복잡하다. 한 길 사람 속은 열 길 물속보다 턱없이 얕고 얕은데 들어갈 수도 잴 수도 없다. 보이지도 잡히지도 않으니 언제나 허우적댄다.

머리에서 가슴까지의 거리는 얼마 되지 않는데 가려고 하면 어쩌자고 세상에서 제일 먼 길이 되는지. 알다가도 모를 것이 마음이다.

2. 수필

매번 시작할 때마다 처음인 양 생경맞은 일들이 있다. 옛 여인들이 하던 길쌈이 그렇다고 한다. 글 짓는 일이야말로 길쌈이나 다름없다. 늘 하는 짓기인데도 헤매기 일쑤다. 방향을 잘못 잡아 빗나간 화살이 되는 때가 수두룩하다.

그래서 글을 지을 때는 하찮은 이야기라 할지라도 코끝이 찡해야 하고, 공감보다는 감동을 주어야 좋으니 기도하듯이 써야 한다고 주문을 왼다. 신화 대신 보편적인 작은 일상을 끌어내어 쓰라는 주장도 내세운다. 저마다 다른 얼굴과 빛으로 피어나는 계절의 이야기도 엮는다. 소리와 율동이 어울려 흥겹게 호흡하면서 마음을 흔드는 북소리의 울림도 그려낸다. 접시마다 조금씩 차려낸 소꿉놀이 음식같이, 한 젓가락에도 충분하도록 맛과 멋, 그리고 향을 구절마다 담는다. 마술사를 닮은 쉼표로 이야기를 아련하게 가르고, 다음 문장을 둥둥 띄운다.

가끔은 검무를 추는 여인이 되어 번뜩이는 상상력의 검을 휘두르는 글을 짓는다. 사색은 재능에 비례하는 법이라고 했다. '너무 곱상한 소리만 하고 있어서 심통이 난다. 차라리 글의 복장을 푹푹 질러 속 알맹이에 아픈 칼질을 하자.'는 어느 분의 글귀를 타고 한층 더 다채로운 상상력의 검법을 꾀한다. 서늘하면서도 아름다운 검무를 춘다.

춤을 추면서 언어 속에 감춰진 어린 시절을 찾아 나선다. 산 너머 남촌의 풍경이 꿈결같이 다가오고, 라일락 꽃향기가 산들

바람처럼 풍겨온다. 등을 켜기 전 전원의 푸른 어둠이 동화 속으로 젖어든다. 그 세계에서 잉태된 환상들은 기적 같은 이미지를 만들어 낸다.

그러나 생각한 대로 써지고 아는 대로 술술 풀어진다면 글 짓는 사람들이 왜 뼈를 깎을까. 너무나 잘 아는, 그래서 더 모르는 일이 글을 짓는 일이다.

3. 삶

혹시 깨어져도 환히 웃고, 박살이 나도 반짝이는 유리조각 같은 삶을 아는가. 열쇠를 선물하면서 이 세상의 의문을 다 풀어주고 열어달라고 부탁하는 삶을 들었는가. 어느 날 불현듯 꽃 한 다발 사들고 와서 이 향기로 지구를 채워 달라고 하는 삶을 보았는가.

짚어갈수록 모르는 것이 더 많아지고, 기어코 살아보아야만 알게 되는 삶. 남의 것일 때는 별것 아닌 하찮을 일도 내 것이 되었을 때는 생사가 매이고 희비가 엇갈린다. 스스로 선택한 일의 결과라면 기쁘게 견디기도 한다. 그러나 감염으로 인한 것이라면 엄청난 고통과 슬픔의 원인이 된다. 그렇듯 아무런 성의 없이 살아도 되고, 수월하게 살 수 있도록 만들어진 세상은 없다. 삶은 녹슨 못이듯 구부러지다가도 여느 때는 불덩이로 바뀐다. 빠르다가도 느리고, 팽팽하다가도 느슨해지는 음악처럼 반복이 계속

된다.

가난한 사람들이 고통스러운 것은 배가 고파서가 아니라 아프기 때문이라고 한다. 부자는 물질에 대한 욕심으로, 빈자는 물질에 대한 배신감으로 메말라 간다. 그러니 큰소리를 쳐도 큰소리만큼 울려오는 것은 속 빈 강정이고 들뜬 마음이다. 살다 보면 밀쳐내고 멀리하고 싶은 어려움 앞에서 무릎을 꿇게 되는 때가 한두 번인가. 하지만 도움의 실마리는 선한 데서 나오고, 세상일도 순리대로 이루어진다는 사실에 위안이 된다. 그래서 맛이 덜하고 물기가 적을지라도 씹을수록 맛이 나는 칡 같은 삶을 기대한다.

신은 하나를 빼앗아 가면 반드시 하나를 되돌려 준다고 한다. 그래서인가. 세상살이는 더하기였다가 빼기였다가 결국에는 영이 되는 신의 놀음이다. 미로걷기다. 이처럼 잘 아는 것과 모르는 것은 대립관계가 아니라 동반관계다. 한쪽이 존재하기 위해서 다른 한쪽이 필요하듯이 너무나 잘 아는, 그래서 더 모를 것이야말로 세상을 살아가는 일이다.

(『현대수필』, 2003)

서태후 왕소겸

당신의 여름별장으로의 초대, 감사하오.

참으로 굉장하군요. 별장이라기보다 궁궐이라 해도 손색이 없겠소. 인간의 힘으로 만들었다고는 도저히 믿을 수가 없소. 이건 호수가 아니라 바다이오. 물속에 빠져있는 그림자마저 풍치잖소.

저녁이면 곤명 호수에 연꽃 모양의 등불을 띄우고, 복도의 난간마다 등을 매달아 무릉도원을 꾸몄다지요? 흥취에 젖은 당신을 그려보오. 만수산 기슭 곳곳의 궁전과 누각에서 일 년 내내 잔치를 벌였으니 가히 지상의 낙원이었겠소. 중국 최고의 권력자다운 사치를 감지해 봅니다. 그러나 당신을 이해하는 데는 무리가 따르오. 나는 당신을 서책으로 몇 차례 만난 적은 있지만 황태후는 한 번도 돼보지 않았으니 왜 아니 그렇겠소.

왕소겸, 당신의 회갑이 1894년 갑오년이었지요? 이를 대비하여 당신은 6년 전부터 성대한 연회를 베풀 장소를 만들기 위해 정원공사를 시작했소. 엄청난 비용을 들여 이 별장을 지었지요. 오로지 당신의 개인적인 영화를 위해 삼천 냥의 막대한 돈을 겁도 없이, 이화원을 건설하는 데 쏟아 부었던 것이오. 왜침에 대비해 북양 함대를 보강하고 군사력을 강화해야 할 시점이 아니었던가요. 해군의 군비 증강에 써야할 예비비를 끌어다 사욕을 부리다니요. 오십 년을 가깝게 수렴청정으로 철권통치를 해놓고 무엇이 그리도 아쉬웠소. 어느 황제도 그리하지 못했소. 황제 이상의 권세를 부렸으면서도 황제가 되지 못한 한을 풀어야만 했던가 보지요.

당신이 어렸을 때는 그다지 예쁘지 않았다고 들었소. 그러나 영리하여 고전에 능하고 서화에 재주가 있었으며 노래를 잘 불렀소. 열일곱에 궁에 들어가 이수원에서 산시성 민요를 부르며 함풍제를 유혹했지요. 당신은 황제의 총애를 받아 아들을 낳고, 낮은 후궁에서 귀비의 직분을 받게 되었소. 황제가 죽고 여섯 살 난 아들이 제위를 받게 되자 섭정을 했지요. 권력의 맛을 알게 되었소. 당신은 아들 동치제가 성년이 된 후에도 국사를 간섭하고 장악하였소. 동치제가 열여덟이 되어 병사하기에 이르니, 남편을 핍박해 죽였다는 죄명을 씌워 황후까지 죽게 하는 잔인함을 보여주었소.

이미 포화 상태가 돼버린 당신의 욕망은 결국 세 살짜리 여동생의 아들을 양자로 들여 황제로 만들었소. 섭정이 불가피하도록 말이오. 당신은 권력을 지독히도 사랑한 사람이었소. 아니 흉악한 권력중독자였소. 이글거리는 야욕으로 불태운 권세, 한 번도 실패하지 않은 사람처럼 뻔뻔함을 보이면서 강제력을 휘두릅니다.

당신의 한 끼 식사비는 일만의 백성이 하루 동안 먹을 수 있는 화려함이었고, 하루에도 몇 번씩 옷을 바꿔 입는 사치를 부렸소. 무소불위의 힘을 휘두른 당신의 야심이야말로 상상을 초월합니다. 궁인들과 백성들이 어찌 아니 무서워했겠소.

당신은 광서제가 죽은 다음날 이 세상을 하직하면서 세 살 난 '부의溥儀'에게 황제의 자리를 물려주었소. 노란 자금성에서 말이오. 그것이 인상적이었는지 부의도 『나의 전반생』이라는 자서전을 쓸 때 "보이는 것이라곤 황금색 지붕과 붉은 기둥뿐이었다."라고 시작하였소.

영화 「마지막 황제」의 한 장면이 기억 속에서 환하게 펼쳐집디다. 어린 황제로 등극한 부의가 바람에 날리는 노란 커튼을 가지고 장난치다 밖으로 나오는데, 수천의 대신이 동시에 무릎을 꿇는 장면이 장관을 이루지요. 자객과 같은 외부 침입자들이 굴을 파고 들어오는 것을 막기 위해 궁궐 바닥에는 열세 겹의 돌을 깔아 놓았고, 자객이 들었다 해도 숨을 곳이 없도록 한 그루의 나무조차 심지 않았다지요. 외로움에 젖어 있던 어린 황제가 아른거립디다. 삭막하기가 이를 데 없는 그곳에서, 우주 밖에 있는 외딴별 같은 그곳에서 말이오.

그것 아시오? 당신이 부의에게 제위를 물려준 지 3년 만에 신해혁명이 일어나 청조가 붕괴되었소. 부의는 황제에 대한 예우 조건으로 일정한 돈을 받으면서 황실을 유지해 나갔소. 중화민국의 배려였지요. 어린 부의는 자신이 황제인 줄만 알고 있을 뿐 밖의 정세라고는 거의 알지 못했소. 궁궐 안의 볼모였던 것이오. 일만 환관의 주인이었지만 세상에서 가장 외로운 사람이었소. 생모의 장의에도 가지 못하는, 자기 집을 한 발짝도 나가지 못하는 황제였으니까요. 오죽하면 유모를 자신의 나비라고 생각했겠소.

홀연히 빠져나와 자금성 뒤의 '경산공원'에 올라가 보았소. 팔천 개가 넘는다는 방을 가진 황금궁궐이 한눈에 내려다보이더이다. 정말 꿈처럼 눈부십디다. 그 곳에 살던 사람들도 처음 궐에 들어갈 적에는 나름의 꿈을 가졌을 것이오. 수만 번 무너지고 무너지던 꿈을 다시 곧추세우면서 그 꿈들이 실현되어 빛을 발하도록 무던히 애썼겠지요. 오로지 황족을 위해서만 일하던 수많은 궁인들의 꿈. 사그라지기도 하고 이루어지기도 하면서 황금기와로 피어올랐을 겁니다. 그래서 눈이 부시게 반짝거리는 것이 아니겠소.

당신의 업적은 아니지만 만리장성만 해도 그렇소.

북방민족의 침입을 막기 위한 목적이었다고는 하나, 누구를 위한 것이었는가요. 민초들의 피와 땀과 목숨으로 이룩한 것이잖소. 벽돌마다 노역자의 이름을 새기도록 법을 정해놓고 책임을 전가하는 수법을 이용하면서 말이오.

그 민초들의 노고로 인해 인류 최대의 토목공사가 이루어졌고, 이천오백여 년의 대역사적 사실이 되었으며, 세계 7대 불가사의 중 하나가 되었소. 그 웅장함 앞에서는 눈으로 보고 발로 밟아보는데도 믿어지지가 않아 반벙어리가 되오. 이미 유명해질 대로 유명해진 유적지잖소. 연두색 산빛을 타고 꿈틀대며 승천하는 장대한 흑룡이더이다.

이보오, 왕소겸.

일만하고도 이천칠백 리에 달하는 장성이 중국을 떠받들고 있는데, 백성들의 노역에다 군비까지 들여가며 이화원을 건설해야만 했는지 물어보고 싶소.

상관 마라, 따귀 한 대 올리고 싶겠소만 그러나, 이해하시오. 세상은 변했소. 이제는 백성이 상전이오. 국민들의 말에 귀 기울이지 않으면 천하의 황태후도 내몰리오. 내 나라에서도 대통령이 쫓겨날 뻔했던 적이 있었소. 지금도 미국 쇠고기 수입 재협상을 요구하는 국민들이 밤마다 촛불을 밝혀 대통령이 잠 못 이루오.

사실은 이화원을 돌아보면서 용마루가 없는 소곳한 인수전에서도, 한 마리의 박쥐 모양을 한 불향각 앞에서도, 비가 오나 눈이 오나 옷을 적실 일 없도록 지붕을 씌워 만든 장랑長廊을 걸으면서도 즐겁지만은 않았소. 뱃놀이 여흥을 즐기려고 만든 돌배를 탔을 때에도, 호수 동쪽 기슭을 잇는 17공교의 500여 마리 사자가 조각된 난간에서도, 호수를 만들기 위해 파낸 흙으로 쌓아올린 만수산에 오르면서도 경이로울 뿐 기분은 고조되지 않았소. 마음 한 귀퉁이에서 아리하게 번져오는 민초들이 겪은 아픔

때문이었을 것이오.

저것 보시오. 곤명호수에 드러누워 있는 물을. 아무리 채워도 채워지지 않던 당신의 야심인 양 일렁거리고 있소. 그렇지만, 꺼질 줄 모르던 당신의 야욕으로 인한 이화원의 탄생이지만, 오늘날 세계인들을 몰려들게 하는 불후의 명작이 되었소. 참으로 잘 알다가도 모르는 일이 세상일이오.

(『부산수필과비평』, 2008)

제4부

마음 속 깊은 눈

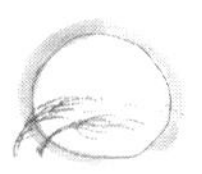

목변석木變石

몇 천만 년이 아롱져 있다. 침묵이 두텁게 흐를 뿐 어느 한 곳에서도 느슨함이나 빈틈이 보이지 않는다. 장구한 세월이 농축된 만큼 단단함의 서슬이 빛을 낸다.

멀리서 볼 땐 영락없는 나무였다. 가까이 다가가니 돌덩이다. 손으로 만져본다. 차다. 생각에 잠겨 응시하면 어떤 덩어리의 형체가 다가오고 또 생각을 내려놓고 바라보면 텅 빈 공간으로 펼쳐진다. 경북 영덕을 지나 강구라는 곳. 경치 좋은 해변 도로의 휴게소 같은, 동해가 내려다보이는 언덕에 그것들이 모여 있었다.

규화목이다. 광물화 된 나무의 유체遺體. 미라. 제2 전시실에는 그것들의 속내를 발가벗기기라도 할 듯이 단면을 매끄럽게 가공하여 전시해 놓았다. 표면에는 쌓인 시간이 눌려져 있고 발

자취가 그려져 있으며 기쁨인가 고통인가 싶은 무늬가 새겨져 있다. 알지 못할 어떤 뜻을 한 입 크게 물고 있는 것처럼 보이기도 한다. 다가가 가만히 안아본다. 그것에 녹아있는 삶을 마음으로부터 읽는다. 희미한 여백만 보인다. 조그마한 손전등이라도 들어야 할까 보다. 다시 닭이 모이를 쪼듯 낱낱으로 쪼갠다. 그러나 내 힘으로는 도저히 해독할 수 없는 난수표가 되고 만다.

세월이 과도하게 흐르면 나무도 돌이 되는가. 나무는 돌이 되기 위해 목숨을 버리고 돌은 나무가 되기 위해 열병을 앓았나보다. 신탁이듯 운명이듯 만난 돌과 나무. 그것들은 서로 배격하거나 대립하지 않았다. 되레 희망을 가지도록 위로하였다. 상상하기 어려운 일이지만 서로가 서로에게 기대면서 '나'가 되었다. 그랬더니 의미와 무의미의 경계가 사라졌다. 확고한 사실이나 진리라고 여겨왔던 것들도 무너져 내렸다. 나무 반, 돌 반이 될 수 있었던 증빙서류들이다.

옛날, 아주 멀고 먼 그 옛날. 수용성규산은 진작 알아차렸다. 생물은 죽으면 썩어 없어진다는 것을. 또한 어떤 특별한 환경을 만들어 주면 화석이 될 수 있다는 것을. 그랬기에 지각변동으로 쓰러지게 된 나무를 살려내고자 모험을 걸었다. 보통을 넘어선 생각으로, 뭔가 다른 관점으로, 보이는 면이 아니라 숨겨진 다른 면을 이해하려고 깊이 헤아렸다. 속 깊은 근심걱정이고 거부할 수 없는 애정이었다.

어쩌면 괜한 일이라며 빠지지 말라고 붙잡는 생각과, 벅찰 정도의 커다란 짐이 될 수 있다는 부담과, 너 아니면 할 수 없다는 유혹 사이에서 위태위태한 줄타기를 했을 성싶기도 하다. 그러나 한다면 하는 것이고 하기로 했으면 하는 마음으로 밀고 나갔다. 수용성규산의 숭고한 흐름이 시작되었다. 무지하게 오랜 세월을 쓰러진 나무 속으로 사려 깊게 배어들고 또 배어들었다. 산소를 차단시키고 침입자와 전투를 벌이며 나무를 보호하였다. 지극정성으로. 그 대담성은 반범죄적이기도 하지만 영웅적인 행위이기도 하였다. 수용성규산 스스로를 축복하는 질탕하면서도 엄숙한 축제였다.

쓰러진 나무의 속내도 엿들어 본다. 꺼져가는 생명에 불꽃을 당겨줄 지푸라기라도 잡고 싶었다. 어디로 가야 하는지 모르면서 어디론가 가야만 하는 방랑자가 되었다. 애먼 일이었으니 그대로 소멸되기란 억울한 부분이 있지 않았겠는가.

우연이었다. 아니 필연이었다. 때마침 찾아든 수용성규산. 나무는 정체불명의 말뚝에 강하게 묶이고 있다는 느낌에 사로잡혔다. 불안하였다. 그러나 한편으로는 강한 믿음도 생겼다. 한 치 앞이 보이지 않는 무서운 밤길을 같이 걷는 기분이었겠지. 한두 걸음 옆에 동행자가 있다는 믿음만큼 든든한 게 어디 있을까. 머리는 여러 군데를 바라볼 수 있지만 마음은 바보처럼 한군데만 볼 줄 아는 법. 단 하나인 마음의 눈으로 해바라기를 할 수 있었던 나무는 수용성규산에 온전히 의지한 채 부활을 꿈꾸었다.

하얀 규화목. 나무의 결은 숨을 쉬고 박힌 돌은 빛을 내며 조화를 이룬다. 줄거리 없는 섬세한 영상만으로 긴 울림을 주는 드라마다. 그것들은 암흑과 위험으로 가득한 이야기나, 끝부분이 걱정되어 알기 싫었던 이야기의 주인공이 되려고 하지 않았다. 그렇다고 위대하거나 극적인 이야기의 주인공이 되고자 했던 것도 아니다. 나무는 그저 변화무쌍한 기후에 시달리다 쓰러졌고, 수용성규산은 주어진 길을 어김없이 조금씩 나아갔을 뿐이다. 그런 연후에 제 속도에 맞춰 운동량을 늘이듯이 천천히 변화하였다. 점점 화석화 되면서 오팔처럼 수정처럼 굳어져 갔다. 세월이 흐를수록 단단해져 거대한 규화목으로 탄생하게 된 것이다.

규화목을 '걸작, 사랑의 완성'이라고 말하련다. 세상을 향해 '영원한 사랑'이라고 소리치련다. 「사랑가」를 창하듯이 노래하련다. 갖은 고통과 고난을 감내하면서 끌어안은 불멸의 사랑. 나무는 돌을 믿어주었고, 돌은 나무에게 힘이 되면서 불가능을 가능케 하였다. 그것은 이해를 넘어선 완전한 사랑 속에서만 이루어진다. 사랑이란 그런 것이다. 복잡다단한 사람과 단순한 사람과의 화합을 만든다. 이념과 사상이 다른 나라와 나라의 벽을 허문다. 나무와 돌이 하나가 되는 상상할 수 없는 아름다움도 창조해 낸다.

규화목을 에로스가 만든 문화재라 일컫는다. 진정한 사랑의 고백이고 전설이며 신화이다. 그래서인가. 그것 앞에서 그냥 서 있기만 해도 되었다. 숨김없이 내보이는 그것들의 힘겹고 두려워하던 모습, 흉측하면서도 황홀한 상처, 아름답고도 귀인성스러운 자태에 조용히 옷깃을 여민다.

(『수필과비평』, 2004. 「석목」으로 발표)

여

청사포에 간다. 달맞이고개 너머 있는 작고 쓸쓸한 동쪽 바닷가. 해운대의 눈부신 백사장에 비할 수 없고, 광안리의 휘황찬란한 불빛도 지니고 있지 않다. 푸른색 모래가 펼쳐진 포구라는 이름 하나만으로도 마음을 끈다. 유명세에서 빗겨나 초야에 묻혀 조용히 지내온 청사포.

해안에는 흘러내린 촛농 같은 암석들이 그리움을 달래듯 옹기종기 널렸다. 바다 위에서는 파도가 하얀 물굽이를 등지고 엎어지고 무너지면서 달려온다. 갈매기는 무엇이 그리도 좋은지 제 흥에 겨워 끼리룩거린다.

투명한 햇살 속에 웅혼하게 앉아 있는 저 검푸름. 아주 느린, 그러나 그 빛에는 움직임이 있다. 신뢰와 젊음과 순수를 내세우며 내 덜미를 잡는다. 내가 하려던 말을 송두리째 빼앗아가 버린다. 낡은 생각과 마음속에 그려진 부질없는 영상들이 쓸려나간다. 가슴이 확 뚫린다.

바닷가로 내려간다. 물속에 잠겼다가 몸을 드러낸 '물바위'들이 점잖은 미소를 흘리며 반긴다. 물속에서는 바다의 푸른색으로 물을 들이고, 물 밖에서는 하늘의 푸른빛을 우러르면서도 강하게 검은 색만을 고집하는 물바위. 썰물 때가 되면 잊어버렸다가 문득 떠오르는 기억처럼 드러나고, 밀물 때면 떠오른 기억이 다시 사라지듯 물 속 깊이 잠수해 버리는 물바위. '여'라는 이름을 지닌다.

'여'와 가장 가까운 파도는 늘 변덕스럽다. 때론 소곤거리기도 하지만 봉두난발한 백수광부의 모양새로 몸을 던지기 일쑤다. 그래도 '여'는 자세를 흩트리지 않는다. 자신도 모르게 살갗이 부서지고 금이 가 깨어져도 그저 묵묵부답이다. 저항을 포기한 영혼이 깃들고, 미움을 잃어버린 정신이 서렸는가. 혹독한 시련 속에서 보내고 기다리며, 풀기도 하고 끌어안기도 한다. 따개비나 해초들의 포근한 고향터요 삶터라고 추켜세워도 쉽게 마음을 데우거나 부풀리지 않는다. 다만 파도와는 동반관계임을 넌지시 화음으로 보여줄 뿐, 오로지 침묵이 금이라는 것을 증명이라고 하려는 양 말이 없다. 가끔씩 섬 아닌 섬이 되어 여운과 느낌 사이로 속내를 드러낸다. 숨기는가 하면 보여주고 드러내는가 하면 감추기도 한다.

'여'에 걸쳐 앉는다. 반가운 친구를 만난 듯이 얘기를 주고받는다. 옛날이 들어있지만 과거 이야기가 아닌, 작은 것에서부터 한숨 섞인 속 깊은 이야기까지 얼마나 쏟아냈을까. 나중에는 나조차 까마득히 잊고 있었던 사람들의 안부까지 묻는다. 이야기 속에서 정겨움이 끈끈하게 묻어나온다.

잠시 눈을 감고 자주 오르던 산을 그린다.

쨍쨍한 여름이 짙푸르다. 산은 바다가 되어 푸른 물결을 일으킨다. 나무들이 시야를 그들먹하게 메우며 만조 때처럼 출렁거린다. 부풀어 오른 희망으로 충만한 푸른 물결이 새소리와 바람소리, 오솔길과 바윗돌마저 푸르게 물들인다.

하루, 이틀, 사흘, 한 달, 두 달, 석 달.

서서히 불어오는 갈바람에 푸름을 날려 보낸다. 지난날의 화려했던 사랑과 열정과 행복을 내려놓고 사상누각 같은 헛된 권위의 외피가 있었다면 그것도 벗어 던진다. 스스로의 기대마저 무너뜨리며 모든 것을 털어낸다. 푸름이 밀물되어 빠져나간다. 산이 벌거벗는다.

헐벗은 나무들의 겨우살이는 지리고도 매운 찬바람과 같이 시작된다. 그래도 서로 섬기며 정을 나누는 모습들은 함께하는 것만으로도 고마움을 느끼는 마음들이다. 산등줄기에 살며시 몸을 드러낸 바윗돌이 홀로 외로움을 짐 지고 있다. 자신의 슬픔을 끌어안고 스스로를 다독거리지 않는가. 다다를 수 없는 먼 곳을 바라보며 누군가를 기다리는 망부석이듯 안쓰러움이 인다. 간조를 맞은 겨울 산이 드러낸 '여'의 모습이다.

행상을 나가 오랜 세월이 지나도록 돌아오지 않는 남편을 기다리는 「정읍사」의 여인 같은 '여'. 일본에 볼모로 잡혀있는 눌지왕의 동생을 구해내고 끝내 돌아오지 못한 박제상을 기다리던 부인 같은 '여'.

그래, '여'는 무언가를 그리는 그리움이다. 육친들과 살 비비며 나누던 정, 소식을 알 수 없는 어릴 적 동무들, 아리하게 번져오는 추억의 장소들…. 각기 다른 색깔로 삶을 물들이고 싶어했던 지나간 일들이며, 되살아나는 삶의 장면들이다. 세월이 흐르고 흘러도 닳거나 사라지지 않는 흔적들이다. 덧없이 보내버린 시간도 세월 속에서 점점 커 가는 추억으로 자라고, 순간의 인연들도 끝내 지워지지 않는 채 그리움으로 남는다. 존재와 부재가 함께 들고나는 것이랄까. 아니, 그렇게 보이고 느껴지는 건지도 모르겠다.

내 안에 살고 있는 수많은 것들의 수군거림을 엿듣듯이 '여'가 들려주는 소리에 귀 기울인다. 사람들이 즐겨 읽는 유자서有子書가 아니라 무자서無子書이다. 복잡했던 생각들이 소리 없이 녹아내린다. 유현금有絃琴인가 했더니 무현금無絃琴이 아닌가. 그 소리가 몸속으로 맥을 타고 흘러든다.

점점 물속으로 가라앉는 '여'. 밀려오는 물결에 하염없이 무현금을 뜯는 '여'. 발걸음을 떼지 못하고 붙박인 채 지켜본다.

(『선수필』, 2003)

징목 懲木

무엇인가에 홀릴 듯한 산길이다. 발길이 뜸해서인지 암자까지 이어진 좁은 시멘트 길 위에 새파란 이끼가 내렸다. 구두 굽 소리를 오만스레 울리며 천천히 걷는다. 그래도 수목들은 나의 발소리를 개의치 않고 산길 정적을 널어놓는다. 나는 손전등 불빛처럼 찬찬히 숲을 훑는다.

나무가 조용히 말을 걸어온다. 무심히 흘려들어도 건네 오는 이야기가 뒤틀림이 없어 편안하다. 숨겨진 소박한 마음도 내비친다. 호탕하지 않지만 거리낌 없는 웃음소리에 친근감이 묻어난다. 나무의 부드러운 소리들이 평범한 내 생각의 갈피갈피 속으로 파고든다.

껍질이 두꺼워야 속이 깊고 속살이 예쁘다는 말이 있다. 나무가 그렇다. 의연하면서도 덕스럽고 신선한가 하면 멋이 있다. 딱딱하지만 포근하다. 그 모든 자질을 품어내느라 나무는 가지 키우기를 쉬지 않는다. 사람들이 나무를 좋아한다면 연유가 거기에 있다. 그래서 생각의 깊은 우물에서 건져올린 언어로 나무를 노래하고 찬미한다.

숨조차 멎은 듯 고요한 숲이라 할지라도 내면에는 사랑과 다툼이 있다. 마주보기만 해도 좋은 즐거움, 스스로 만족스레 사는 기쁨, 어깨를 기대며 의지하는 정감이 가득하다. 그러면서도 쏘아붙이는 눈빛이 숨어있고 뾰족이 돋아난 가시 같은 강샘도 있다. 생명이 존재하는 곳에는 그만큼의 다툼이 불가피하다. 인간의 세계든 동식물의 세계든 어느 곳을 막론하고 애증은 마찬가지인가 보다.

팻말이 눈에 띈다. '벼락 맞은 나무'라는 제목이다. 이백 년 된 전나무가 1995년 7월 9일 22시에 벼락을 맞았다고 적혀 있다. 순간, 벼락을 맞은 나무로 집을 지으면 흥한다는 속설이 귀를 간질인다. 헛된 꿈. 전나무를 위한 못난 글이나마 써야겠다는 촉수가 꿈틀거린다. 집은 못 짓더라도 한 편의 글을 낚고자 하는 얄팍한 기대가 있어서다. 거기에 글을 씀으로 해서 내게 뭔가 효험이 미치리라는 바람도 바탕에 깔아 놓는다.

한 그루의 나무조차 아는 만큼 보이고 아는 만큼 사랑하게 된다고 하지 않는가. 예찬의 글을 쓰려면 나는 아직도 먼 길을 걸어야 한다. 하지만 미약한 글이나마 쓸 수밖에 없다. 흥한다는 말에 끌려서가 아니다. 그냥 그 나무의 슬픈 이야기를 전하고 싶은 생각에서다.

벼락 맞은 연유를 알고자 나무 앞에 선다. 자세를 가다듬고 두 손을 모은다. 그리고 살펴본다. 펄펄 넘쳐나던 생명력의 근육이 숯덩이가 되었다. 쓰임새로부터, 쓸모로부터 버려진 주검. 예감도 느낌도 어떤 눈치도 챌 수가 없다.

생채기가 날 만큼 눈을 비비고 올려다본다. 껍질은 청석처럼 떨어져나가고, 타버린 속살은 벌레들의 풍요로운 호텔로 나락을 했다. 내가 알 수 있는 건 그것뿐이다. 너무나 잘 알 것 같은, 그래서 더욱 모르는 그 나무의 생애. 내 눈빛이 탐욕으로 탁하고 마음은 잿빛으로 흐릿하니 죽어 침묵하는 전나무의 속내를 어찌 꿰뚫어 낼까.

다시 몇 걸음 물러서서 실눈으로 바라본다. 고약하게도 폭격으로 일그러진 빌딩같이, 반쯤 절단된 산자락처럼 괴괴하다. 외피를 벗어던진 처절한 모습에 푸르데데한 빛이 엉기어 섬뜩하다. 하지만 넓은 밑둥치에 서려 있는 고고한 기운과 씩씩한 기상과 꼿꼿한 절개만은 타지도 꺼지지도 않은 채 남아 있다. 흔적 없는 소멸보다 정수精髓로 남는다는 것을 보여주려는 마지막 의지리라.

우－우.

울음이 스친다.

그 소리라도 훔쳐보려 귀를 세운다. 그러나 침묵으로 감싸 안은 깊은 사연만이 서리서리 골짝을 메운다. 희망도 꿈도 다 태워버린 전나무이지만 아니다, 무엇인가가 분명 둥치에 감겨있다.

나는 벼락 맞은 날의 충격을 상상하면서 실어증에 빠진다.

어떤 죄에 대한 징벌로 벼락이 내린 것일까. 소나무 숲에서 웃자라 있던 전나무가 저 혼자 주제넘게 도도했을 것 같다. 거만하게 눈 내리깔며 으스댔을 테고, 자기의 관점 외에는 모두가 틀렸다는 잣대를 지니고서 설익은 선심을 남발했겠지. 비판을 비난으로 듣는 오만함이 있었거나 잘못조차도 소신으로 알고 있는 독선에 빠졌을 수도 있겠고.

나는 머리를 좌우로 가로젓는다. 전나무는 알아주든 말든, 곧게 뻗어나간 삶으로 희귀한 빛을 발했을 터이다. 숲 속의 생존이라는 소용돌이 속에서 앞날을 열려다 희생된 열사였지 않을까. 하늘이 내려올 때 디뎌 밟으라는 신단수神檀樹의 재목으로도 충분하다. 고난과 박해를 죽음으로 맞아들인 그 성인을 닮으려는 몸부림이었을지도 모른다.

핑계와 궤변이 만연하고 황금과 권력이 타협을 하는 곳, 이기주의가 판을 치고 이중인격자의 치부가 뻔뻔스레 서는 곳, 그런 곳에 떨어져야 할 벼락이었다. 전나무는 하늘에게 모두를 대신해 징벌해 달라는, 뜯겨진 살점 같은 고백을 했을 것이다. 그 고백이 하늘의 마음을 움직였지 않았겠는가.

'벼락을 대신 맞은 나무' 전나무는 그렇게 징목이 되었다.

(『경인문학』, 2004)

서리꽃

갔다.

알 수 없는 곳으로 수아가 갔다.

소리 내지 않으려고 뒤꿈치 들고 까치발을 하고 갔는지, 『오즈의 마법사』의 '도로시'처럼 무슨 바람인지 모를 뜻밖의 회오리에 날려갔는지, 흔적조차 남기지 않으려고 새가 되어 날아갔는지, 아무도 모르게 갔다.

위태롭다는 소식을 듣고 서둘러 달려갔을 때는 하늘도 금세 눈발을 뿌릴 듯 낮게 내려앉았다. 수아는 우리가 다가가도 반듯이 누워 침묵으로 냉대했다. 아무리 불러도 아랑곳하지 않았다. 모차르트의 진혼곡만이 진중하게 머리 조아리며 울고 있었다. 사진틀 속에서 넘겨다보는 수아의 눈, 생글거림이 가슴을 이겨

놓는다.

동행한 친구들이 수아를 부르며 통곡한다. 나는 작은 외마디 소리조차 못 지르고 망연자실 서 있다. 삭여야 할 고통마저 외면하는 척 고개 돌려 눈물만 꺽꺽 삼킨다. 현실만큼 극적인 고통은 없다. 그러기에 달려오면서도 현실이 아닌 꿈이길 원했다. 한 장의 스틸사진이 아니라 언제라도 필름이 다시 돌아갈 수 있는 영화의 정지화면이길 바랐다.

드라이브를 곧잘 즐기기는 했지만 운행 중에 운명을 달리할 줄 누가 예감이나 했을까. 한동안 낮과 밤 구분 않고 그림을 그렸던 그녀였다. 한순간, 한 틈이 아쉬운 듯 수채화에 매달려 열중하였다. 무엇인가에 대한 미움과 분노를 삭이려는 생각에서였거나 내리누르는 삶의 가위를 떨치려는 마음에서 그랬을 것이다. 어쩌면 그림만이 매달릴 수 있는 유일한 도구라고 여겼을지도 모른다. 그도 아니면 신을 향한 애절한 기도였고, 치기어린 항의였으며, 눈물의 고백이 아니었나 싶기도 하다.

'하왕산의 억새꽃', '산과 바다', '마곡사의 겨울바람', '월출', '서리꽃 향기'…, 감동을 전하기 위해 가슴속의 물감을 찍어내어 그림을 그려야 한다고 입버릇처럼 말하더니. 일출보다도 일몰이 더 아름답고, 어느 풍광보다도 아름다운 것은 마음을 곱게 쓸어주는 월출이라며 달을 끔찍이도 좋아하더니. 비가 오거나 안개가 자욱이 성기면 무작정 차를 몰고 나서더니.

이렇게 가시는가. 어이없이 이렇게 가시는가.

못다 그린 그림이 있고, 많은 물감이 그대로 남아 있는데 어찌하여 가려 하시는가.

꿈은 허공에 맴돌며 한스러운 기운을 만드는데 어찌 누워 이렇게 외면하는가.

그대가 가꾼 세상의 정만큼, 그대가 보여준 의리만큼 우리는 아프고 아프다네.

무심한 사람아, 잘 가시게나. 정녕 잘 가시게나.

평생 남은 상처일랑 남은 자의 가슴에 묻은 채 잘 가시게나.

안타까운 벗들의 아픔도 마저 뿌리치고 어서 가시게나, 무정한 사람아.

더 이상 부족함도, 불확실함도 없는 그곳.

언제나 머물러도 답답하지 않고 지루하지 않은 곳.

시기와 질투도, 고독과 외로움도, 더 이상의 모순도 없는 곳.

아무것도 부러울 것 없는 그곳으로 잘 가시게나. 잘 가시게나.

그대가 떠나고 우리만 남아도, 그러나 우리는 그대를 기억하겠네.

그대의 정열과 그대의 사랑과 그대의 선한 모습을.

잘 가시게. 정녕 잘 가시게나.

사람은 태어나는 순간부터 잠들지 않는 바람에 이끌려 한 생애를 산다. 그러다가 어느 날 다시 한 줌 바람으로 사그라진다. 하지만 어떤 삶이든 '고해의 바다'라고 했지 않은가. 사람들은 그 속에서 순응하는 법을 배운다. 쉬우면 쉽고 어려우면 어려운 대로, 좋으면 좋고 싫으면 싫은 대로 휩쓸려 따라간다. 수아는 자연의 설득에 거부의 몸짓조차 해보지 못한 채 허방을 디딘 것이다.

우리는 가까운 숙소로 옮겨 밤이 새도록 수아 이야기를 했다. 순진한 모습에 걸리고 그리운 추억에 쓰리고 사별의 아픔으로 아린 마음을 나누었다.

희붐하니 새벽이 밝아온다. 가슴은 여전히 무겁고 답답하다. 안쪽 창을 연다. 바깥 투명 유리창이 하얗다. 서리꽃이다. 꽃잎인지 깃털인지 분간하기 어려운, 섬세하게 그려진 꽃무리. 순간 나는 아찔한 현기증을 느낀다. 수아의 그림이라는 생각이 스쳐서다. 눈을 의심하기 어려울 만큼 그녀의 그림을 닮았다. 서리꽃이 전등 불빛에 반짝거린다. 만날 수 없는 안타까움과 떠날 수밖에 없는 미련 사이의 먹먹한 통증을 말하고 있다.

'수아야, 어젯밤 노란 빛, 붉은 빛, 파란 빛을 섞고 섞어서 하얗게 서리꽃을 그렸구나. 달려온 우리들을 위해 밤새껏 펼쳐 새겼구나. 혹 우리들이 머문 방 가까이 와서도 들어오지 못하고 서성거리지 않았니? 주위를 배회하면서 창을 넘겨다봤을지도 모르겠구나. 아니 방으로 들어와 우리들과 앉아 이야기를 나누었겠다. 듣지 못하고 알아보지 못하는 우리를 야속해 하다가 서리꽃을 그렸겠구나. 더 고독한 사람이 덜 고독한 사람을 알아주고, 참는 마음이 분한 마음을 안아주는 것처럼, 서리꽃에다 못다 한 얘기를 풀어놓았구나.'

아-, 유형과 무형의 만남은 영상에서 보듯 이렇게 안타까워야만 하는가 보다.

영하의 날씨. 모든 것이 얼어붙는다. 눈물도 얼고 발걸음도 얼고 마음도 얼음이 된다. 어쩌면 날씨조차 이다지 서럽게 하는 걸까.

(『현대수필』, 2004)

송화松話

비가 내린다. 추적추적 나를 불러낸다. 채비하고 나선다. 무작정 차에 오른다. 바다나 산이 아니면 주절 나게 들락거리던 곳, 경주로 향한다. 곧바로 석탈해 왕릉을 찾는다. 무슨 사연인가 안고 있을 휘어진 한 그루의 도래솔이 생각나서다.

얄푸른 안개비 속. 서너 사람들이 능 앞에 서 있다. 나누는 말소리가 가느다랗게 들린다. 그들도 어지간히 비를 좋아하는 모양이다. 나도 능 앞으로 다가간다. 비를 좋아한다는 느낌 하나로 살며시 미소 지으며 눈인사를 나눈다. '통한다'는 말이 맞물리는 순간이다.

소나무 곁으로 발걸음을 옮긴다. 처음 보았을 때 순간적으로 달게 된 물음표가 한 번씩 대숲의 바람처럼 일렁이곤 했다. 어떤 말을 할 듯 말 듯한 형상을 한 소나무는 울림이 크고 깊어서 내 호기심을 자극하고도 남았다. 그래서 가시적으로도 잡히지 않고 손에 쥘 수도 없는 그 무엇을 들어보려고 늘 생각 속에 넣고 있었다. 그날의 무희를 떠올리고, 왕비를 생각했으며, 충신이라고 여기기도 했다. 이도 저도 아닌 그저 '소나무'가 물음에 대한 정답인데도 말이다.

눈은 참으로 묘하다. 동그랗게 뜨면 앞에 주어져 있는 사물을 대상으로서 안으로 끌어당긴다. 내 것으로 가다듬어 소유하려는 의지가 아닌가 한다. 반면 눈을 가늘게 뜨면 바깥세상의 눈부심을 막아내게 된다. 그것은 눈으로 흘러드는 선과 악을 구분하여 받아들이려는 자세라 하겠다.

순한 가랑비에 젖어서일까. 아니면 크게도 가늘게도 아닌 부드러운 눈으로 보아서일까. 소박한 왕릉과 늘어선 도래솔들이 엄숙하게 제의식의 분위기를 자아내는 것처럼 보인다. '읍' 자세를 하고 다소곳 고개를 숙인 도래솔들. 그 중 한 그루가 다리를 접고 허리를 구부리며 땅에 닿도록 큰절을 올린다. 뒤늦게 '왕손이구나.' 읽어낸다.

소나무 앞을 어슬렁거린다. 어릴 적 친구가 '얼음' 하고 주문하면 움직이지 못하고 서 있었을 때처럼 갑자기 멈춘다. 그리고는 바라보는 대상이 아니라 생각하는 주체로서 소나무와 마주선다. 큰 숨을 내쉰 후, 나무가 내게 열어 보이는 내면의 깊은 곳을 들여다본다. 육안으로 볼 수 없는 사랑의 운기가 흐르고 있음을 감지한다. 늙은 소나무가 능을 향해 솔바람을 흘려주는 모습. 알 수 없는 신비 찾아 신라 천년을 거슬러 오른다.

탈해왕에 얽힌 설화를 따라 걷는다. 누비다 보니 왠지 모를 추연한 감회가 인다. 왕비는 탈해를 알로 낳았다. 왕이 불결하다 하여 내다 버리게 되는데, 친모는 비단 보자기에 모정을 함께 싸서 궤짝에 넣어 물에 띄워 보낸다. 알에서 깨어난 탈해는 길러준 노모의 은산덕해에 대해 자라나면서, 어른이 되면서, 왕의 자리에 오르면서 충분한 보답을 했을 것이다. 아기가 방긋방긋 웃으며 부모에게 기쁨을 안겨주는 일, 그것만으로도 효는 다 이루어졌다는 얘기도 있지 않은가.

그 소나무는 낳기만 하고 기르지 못한 친모의 한으로 휘어진 정이지 싶다. 그럴 수밖에 없는 것이, 왕비는 7년 동안이나 임신을 하고 있었다. 마디마디 뼈를 벌리고 피를 쏟는, 세상이 흔들리고 천지가 칠흑으로 덮어질 때라야 멎는 산고의 고통을 간직하고 있다. 거기에 키우지 못하고 버려야 했던 죄스러움이 있는 것이다. 평생 그 갈마를 짊어지고 살지 않았겠는가. 높은 사람이든 낮은 사람이든 자식에 대한 어미의 마음은 매한가지다. 어떠한 쾌락도 마음의 기쁨에 비할 수 없는 일. 왕비로서 부귀공명을 누렸겠지만 마음인들 편안하고 행복하였을까. '사람으로 깨어나기는 했는지, 살아있기나 하는 건지' 무거움에 짓눌린 깊은 숨 토해내며 한세월을 보냈음이 여실하다.

세월은 무심하게 흐른다. 산을 넘고 들을 지나고 강을 건너고 바다 위를 달린다. 사람의 마음속으로도 파고든다. 인정사정 두지 않고 천지사방으로 퍼져나간다. 종착지도 없이 흘러흘러 온

누리를 핥는다. 그것이 세월이다.

친모는 그 세월이 부려놓은 황혼에 이르러서야 탈해왕의 소문을 들었으리라는 상상을 한다. 어미라는 존재는 가진 것이 없어도 늘 줄 것이 있다. 내 몸보다 더 아픈 것이 자식의 아픔이고, 혼나는 자식보다 혼내는 어미의 마음이 더 쓰라릴 터, 아무것도 해 줄 수 없었던 친모는 죄스러워 생전에 주지 못한 사랑을 죽어서라도 베풀고 싶었을지 모른다. 천지신명께 빌고 빌었겠지. 소나무가 되어 자식 곁에 머물게 해달라며 마음의 소지기도 올렸지 싶다. 바라보는 것만으로는 부족해 자식이 누운 능을 향해 허리를 구부리고 어깨 낮춰 엎드리며 팔을 뻗는다. 가까이 좀더 가까이 다가가려는 어미의 심정이 저토록 애절하다. 무희의 사모로도, 왕비의 어짊으로도, 신하의 충정으로도 대신할 수 없는 콧등 시큰한 핏줄의 무근無根 사랑, 한이 풀어지듯 흐른다.

세상에서 가장 질긴 끈은 어미와 새끼의 연이다. 거기에는 이해득실이 없다. 느끼고 느껴도 느낄 것이 넘치고, 비우고 비워도 여전히 채워지는 정이 있다. 절절하면서도 지독한 사랑이야말로 어미의 사랑이 아니던가.

비의 입김이 안개 되어 서린다. 그 도래솔의 이야기가 표피를 건드리고 피하층 깊이 내려가 서서히 퍼지면서 골격근에 닿는다. 나는 해답을 찾기라도 한 듯 새로운 설화에 불감쇠전도가 된 채 비의 기운을 만끽한다.

(『문학도시』, 2004)

오행초

모르고 있었던 면면을 새로이 알게 될 때, 그것은 내 세계 안에서 하나의 존재로 살게 된다. 차츰 마음자리를 차지하면서 자신감을 추켜 주고, 때로는 신바람 나도록 흥을 돋운다. 어떤 때는 피를 끓어오르게 한다. 시선 가득 들어서서 방향을 짚어준다. 앎으로써 얻게 되는 보너스들이다. 별책부록이다.

변변찮은 야생초 하나가 나를 일깨운다. 거만한 발걸음을 멈춰 세우고 빳빳한 고개를 숙이게 한다. 사실 그 풀포기를 안 것은 오래 전이다. 어릴 적부터 보아왔으니 죽마고우라 해도 좋고 사십년지기라 해도 손색없다. 하지만 절친하진 못했다. 별다른 관심을 갖지 않았던 까닭이다.

그것은 야생초답게 화려하기보다는 소박하고 귀하기보다는 흔한 존재다. 그래서 우아한 정원 안의 구성원이 된다는 것은 어렵다. 눈요깃거리라도 되면 다행이랄 수 있다. 지청구 듣기 좋은 풀이니 그야말로 별것 아니다. 하지만 어디든 불문하고 뿌리 내릴 한 점 땅만 허락되면 삶의 근거지로 삼는다. 길가나 빈터, 밭둑, 갈라진 시멘트길 틈새인들 마다할까. 그 속에서 경쟁도 벌이고 사랑도 하면서 강한 생명력으로 삶을 꾸려간다. 그러기에 옛날 양반의 기품이나 마님의 고고한 자태와는 거리가 멀다. 궂은일을 도맡아 하는 사람들이라고나 해야 할까. 세력 앞에 쓰러져가면서도 슬픈 현실조차 비굴하지 않게 받아들였던 민초들이라 함이 옳겠다. 양반 주류의 눈으로 보자면 '떨거지'에 해당되는 존재일 뿐이다.

쇠비름이다. 그것이 아무도 찾지 않는 메마른 땅에 뿌리를 내렸다. 못다 이룬 꿈이 있어서 그랬을 것이다. 모든 걸 이뤘기 때문일지도 모른다. 그 속내를 어찌 알까?

쇠비름 군락이 푸른 멍석을 깔아놓은 듯하다. 손을 쫙 펴 쓸어본다. 간지럼을 타는 듯 까르르르 자지러진다. 그 풀에 얽혀 있는 이야기를 듣는다. 뻔한 거짓말을 늘어놓는다 해도 속았다는 기분이 들지 않는 이야기. 동화 같지만 믿고 싶은 그런 이야기다.

그것의 내력을 살펴보니 천한 듯 촌스러운 이름인 쇠비름 말고도 서너 개를 더 달고 있었다. 잎의 모양새가 말의 이빨을 닮았다는 이유로 마치현馬齒莧이라고도 했고, 오래 먹으면 장수할 뿐 아니라 늙어도 머리칼이 희어지지 않는다 하여 장명채長命菜

라고도 불렀다. 또한 우주간에 운행하는 다섯 원기의 조화에 따른 특성이 있어서 오행초五行草라는 이름도 붙여졌다.

오행초라는 이름에 호감이 간다. 그 기세를 타고 오행의 본령을 찾아 나선다. 오행 중의 水는 윤하潤下라 하니 사물을 적시어 낮은 데로 가고, 火는 염상炎上이라 하여 불타서 위로 오른다. 木은 곡직曲直이라 해서 굽거나 곧게 됨을 나타내고, 金은 종혁從革이라 하므로 자유로이 변형함을 말한다. 土는 가색稼穡이라 부르며 씨 뿌리고 추수함을 뜻한다고 한다. 이왕지사 오행의 강점도 들춰본다. 무엇보다도 좋고 나쁨이 없다. 높고 낮음도, 옳고 그름도, 이기고 지는 것도 없다. 도움을 주는 반면에 피해를 입히기도 한다는 얘기다. 이 오행이 쇠비름의 몸에 흐르고 있다. 청색의 잎으로, 적색의 줄기로, 황색의 꽃으로, 백색의 뿌리로, 흑색의 씨앗으로.

먼저 황색을 나타내는 노란 꽃에서 자유로움을 본다. 그리고 푸른색의 잎에서는 생기를 읽는다. 활짝 미소 지은 표정과 물이 올라 도톰하게 살이 오른 것이, 영락없는 열일곱 살배기 딸애들이다. 콧날이 오뚝해지면서 눈썹선이 뚜렷해지고 입술색도 선명하다. 키가 쑥쑥 커지더니 젖가슴이 봉긋이 올라오고, 팔다리에서는 윤기가 흐른다. 갱년기 엄마에게 하나의 꿈이며 아름다움의 도래가 되는 청춘 아니던가. 성적 매력이 사그라져 햇볕 아래 서기를 두려워하는 엄마 앞에 도도하게 솟구치는 딸아이들의 젊은 육체 같다.

빨간색의 줄기는 청춘의 피 끓는 혈맥이겠다. 햇볕에 그을린

구릿빛 팔뚝에 솟아난 힘줄. 나라의 방위를 위해 모든 것 뒤로 하고 입대한 아들들의 힘줄이다. 든든하고 믿음직스럽고 자랑스럽기까지 한, 그들의 혈기가 느껴진다. 사방으로 뻗어나가면서 강인한 기운을 드러낸다. 수직으로 높아지기보다는 평면으로 낮아져 여럿을 포용하려는 자세다. 화려한 권세보다 남루한 본분을 택한 마음씀새랄까. 줄기찬 생명력 하나로 충만한 빛깔과 힘을 내뿜는다.

하얀색의 뿌리는 땅속의 양분을 거둬들이고, 검은 색의 씨앗은 추수와 종족의 번식을 상징한다. 뿌리와 씨앗은 많은 재주를 가졌으면서도 겸손하고, 부드러운가 하면 야무졌던 옛 여인들을 떠오르게 한다. 아프고 괴로운 걸 드러내지 않고 안으로, 더욱 더 안으로 아프기만 했던 우리의 아낙들. 배우지 않았지만 알고, 초라하지만 당차던 계집자식으로 태어난 이 땅의 어머니들이다.

슬며시 행적도 들춰본다. 쇠비름은 일찍부터 공신이었다. 이미 오래 전에 이질을 물리치고 종기를 낫게 한 공을 세웠다. 습진을 없애주며 피부를 깨끗하게 해주니 그 재능은 으뜸이라 할 만하다. 열을 내리고 독을 풀며 피부 밑에 맺힌 피멍을 없애는 힘 또한 자랑스럽지 않은가. 벌레도 없애고 오줌도 잘 누게 한다니. 소박한 쇠비름의 무용담이 가히 장군만큼이나 용감무쌍하다. 흔하기를 말한다면 미천한 신분이지만 약효를 따지자면 왕후장상이라 해도 손색이 없겠다.

쇠비름은 깊고 넓은 도道다. 흔들리지 않는 강단과 제 몫을 다하려는 집념을 지녔으니 우주의 오행이 강림했음을 어찌 부인하겠는가.

오행초.

모든 것을 누리고 있으면서도 그것조차 깨닫지 못하는 나의 우둔함을 쿡-, 찌른다.

(『창작수필』, 2004)

모탕

하기로 한다.

궂은 일, 험한 일 가리지 않고 줘내는 사람들과 견줄 수는 없으니 등 떠밀리어 떠안는다. 짊어질 힘은 모자라지만 도와 줄 지게가 있고 짚을 작대기가 있어 하기로 마음을 굳힌다. 선택되었다는 좋은 생각으로 바꾸어 다진다.

일 년에 두 번 책을 내는 일이 맡겨졌다. 그저 하는 척하는 시늉이라면 질색인 성격 탓일까. 헛발을 디딘 것 같다. 열정만으로 모든 것이 해결되지는 않는가 보다. 글쓰기가 어려운지 원고는 모이지 않고, 애태우며 만들어 놓은 책도 강 건너 불구경이다. 예상은 했지만 허무감이 떨쳐지지 않는다. 모든 생각 다 털어버리고 어디로든지 무작정 떠나고 싶다는 생각뿐이다.

때마침 걸려온 전화. 강원도 산골에 집을 지어놓고 서울 집을 오가며 사는 친구가 부른다.

달려간 걸음을 마중하듯, 한가하고 고요한 숲길이 마치 다른 세상으로 들어서는 듯한 착각을 일게 한다. 신록마저 내 마음을 달래려는지 부활의 기쁨인 양 눈부시게 일렁거린다.

정갈한 통나무 건물이 차분하고 순한 분위기를 자아낸다. 화려하지 않지만 그림 같은 별장이다. 멀리서 파도처럼 밀려오는 산 능선을 바라보는 것만으로도 온갖 시름 다 잊을 만하다. 주변 구경에 나선다. 늙은 소나무 몇 그루가 오래 전부터 흐르던 계곡물을 굽어보면서 솔바람을 일으킨다. 집 모퉁이를 돌자 장작더미가 가지런히 쌓여 있다. 잔손질이 잘되어 있는 세간살이 같다. 곳간에 쟁여 놓은 곡식만큼이나 배부른 살림이다.

큼지막한 나무 동강 하나를 발견한다. 내 어릴 적 뒷마당에서 터줏대감 노릇을 하며 일가一家가 되어 살던 물상이다. 머슴들은 그것에다 힘을 부렸다. 지치면 그것 위에 걸터앉아 담배를 피우며 시름을 덜어냈고, 가슴속 깊이 넣어둔 육친들의 그리움을 꺼내어 들여다보기도 했다. 그들의 아린 얘기를 들어주던 낯익은 나무토막. 밑의 반은 땅에 박히고 위는 도끼에 찍혀 둥그스름하게 패었다.

허리 잘록 파인
슬픈 희생양
모탕

모탕은 장작을 팰 때 가로로 누워 받침목이 돼주어야 하고, 섬뜩한 도끼날을 받는 고초를 감수해야 한다. 그러기에 가느다란 나무여서도 안 되고, 두터워도 무른 나무라면 선택되지 않는다. 뿌리에 가까운 부분으로 굵직하고 단단한 나무라야 제격으로 추대 받는다. 저 모탕도 한때는 아름드리 나무였을 것이다. 수천 가닥으로 뻗어나간 가지를 드리웠던 중후한 나무였을지도 모른다. 가지에 잔가지를, 잔가지에 더 잔가지를 키워가며 복을 누리던 시절이 있었지 않았겠는가.

모탕은 도끼에 찍혀 살점이 떨어져나가는 아픔을 감내하면서도 말 못하는 벙어리이다. 화살을 맞고 숨어든 짐승처럼 깊은 상처를 안은 채, 가느다란 숨을 몰아쉬는 것만 같다. 희생물이 되기까지 아주 작은 포기부터 시작하여 나중에는 모든 것을 내놓았겠지. 제 몸속의 향기마저 도끼에 묻혀주며 섬기었겠지. 경건에 이르는 고통이다.

영화 「패션 오브 크라이스티」의 장면 장면이 겹겹으로 포개진다. 2000여 년 전 로마제국의 빌라도 통치 아래서 일어난 사건. 한 젊은이가 게세마니 동산에서 유다스에게 배반을 당한다. 이스라엘 백성들에게 잡혀가 거짓증언에 따라 고발되고, 세 사람으로부터 부당한 판결을 받는다. 십자가에 못 박히는 고통에 앞서 온몸을 엄습하던 두려움과 불안감, 답답함과 쓰라림에 시달린다. 채찍으로 갈기갈기 짓이기는 모진 매질에 살점이 묻어나고, 머리에 사정없이 덮어씌운 가시관, 전혀 들어본 적이 없던 잔인한 욕설에 할퀴고 찢긴다. 온갖 폭행에 괴로움을 당하던 모습이 스쳐 지난다.

독사보다도 더 독한 슬픔. 그러나 그 슬픔은 호소력이었다. 사랑, 용서, 용기, 희생, 봉사…, 형체는 없지만 아름답기 그지없는 그 단어들이 모탕 위에 흩뿌려져 있는 것만 같다. 소리 없는 아픔이 홍건하다.

스스로 몸이 줄어드는 고충을 감내하면서도 어떠한 원망도 없이 견뎌내는 모탕이다. 모든 것을 이해와 포옹으로 끌어안는다. 허장성세와는 거리가 먼 작지만 고요한 언어가 되어 마음을 다독거린다. 초라한 듯 거룩한 모습으로 다가와 누더기 생각을 벗겨준다. 나도 모르게 두 손을 모은다.

그렇다. 아무리 고쳐 생각해 봐도 누군가 몰래 퍼트린 치명적인 바이러스에 감염되었나 보다. 온통 욕망을 채우는 일에만 마음을 심고 있었다. 나는 왜 기막힌 개안에 서투른지 모르겠다. 장작을 패는 도끼처럼 강하지도 않고, 쪼개져서 활활 타오르는 장작도 되지 못한다. 그렇다고 모탕과 같은 사람은 더더욱 될 수 없다. 내 모양이 이 모양이니 바쁜 일상에 지쳐 글 안 쓰려는 사람을 어찌 이해할꼬. 책을 가까이하면서도 읽는 일에 익숙하지 않는 사람을 어찌 포옹할꼬.

내가 성숙해지려면 아직도 오랜 기다림이 필요한 모양이다. 한참을 기다리고 나서야 사는 재미보다는 의미를 찾는 마음이 되겠지. 살아온 날들보다 살아갈 시간을 소중히 여기는 사람으로 변할 테고.

벗어던지려던 짐이 나를 더 키우겠다고 등에 납작 엎드린다.

내 속내를 알고 있던 친구가 빤히 쳐다보며 노래를 부른다.
"거치른 벌판으로 달려가자. 젊음의 태양을 마시자~~."

(『에세이스트』, 2005)

동동冬冬

冬.

겨울에는 하얀 눈이 있다.

눈은 내리는 동안 시간과 공간에서 무한정 자유롭다. 그래서 마음 놓고 내린다. 추락에 대한 두려움도 없이, 뭔가를 의지하고 붙잡겠다는 생각도 없이, 자유자재로 어느 곳이든지 가리지 않고 내린다. 바람이 불면 그 바람에 한 송이 가벼운 몸을 맡긴 채, 비스듬히 내리기도 하고 내리꽂히듯 떨어지기도 한다. 눈은 그저 하얗기만 할 뿐이데 왜 모두가 좋아할까. 고통을 두려워하지 않고 절망을 초월하며, 불안을 모르고 끝을 모르기 때문일 게다. 아니 하얀 낭만이 있는 까닭이리라.

눈이 펑펑 내려 보아라. 함박눈이 충만한 축복과도 같이, 젊음의 개선가처럼, 사랑의 세레나데인 양 내려 보아라. 아무것도 안 보이는 눈 천지가 되어 보아라. 어떤 사람은 그것을 보고 울 것이다.

살아서도 죽어서도 천년을 지낸다는 주목에 드리운 백설을 바라보노라면, S라인의 하얀 능선을 응시하노라면, 만년설처럼 쌓여 있는 장엄한 설산을 쳐다보노라면, 문득 시간마저 정지시키는 흰 눈의 신령스러움을 느끼게 된다. 더구나 눈 위를 휘몰아치는 서슬 퍼런 바람은 형체도 없는 것이 어찌 그리 큰 소리를 낼 수 있으며, 형체 가진 것들을 뒤흔들 수 있는가. 또한 의식도 없는 것이 어찌 영장의 영혼까지 휘저을 수 있는 것인가. 그 바람에 휘둘린 생각은 무한한 기운과 접촉하게 되고, 우주의 맥박을 체험하게 된다.

순백의 마음을 담은 사랑의 전령으로 다가오는 눈. 앙상한 나무 끝자락까지 꽃피운 설화는 처연하리만치 아름답고, 온통 새하얗게 수놓은 고향의 눈은 어른과 아이들을 동심의 세계로 안내한다. 추억 속에 묻어둔 사람들도 깨워내고, 잠자는 마음의 눈도 뜨게 하여 그리워하던 풍경들을 자아낸다.

눈은 온 세상을 끌어안는다. 거짓과 탐욕, 노략과 비방, 얄궂음과 더러움, 추하고 흉한 것, 가리지 않고 감싸 안는다. 그리고는 순수의 깨끗함을 드러낸다. 종래에는 서서히 녹아 만물을 적신다. 포용하여 화해를 이루는 장엄한 의식이다. 눈 같은 사람으로 인해 세상이 깊어지고 진지해진다. 아름다워지고 유유해진다. 눈이 있어 겨울은 추운 중에 포근하고 차가운 중에 따뜻하다.

冬.

겨울에는 한 해의 마지막과 맨 처음의 시작이 있다.

사람들은 한 해의 마지막에 맞닥뜨리게 되면 오달지게 달려오던 걸음을 늦춘다. 익숙한 것과 새로운 것의 사이, 그 마지막 시점에서 잠시 숨을 돌린다. 달려온 길을 되돌아본다.

사람들은 각자가 나름대로 열심히 뛰었다. 그렇지만 뛰기만 했다. 왜 뛰어야 하는지, 언제 쉼표를 찍어야 하는 건지 모르고 분주하게 뛰었다. 고요하게 휴식할 사이도 없이 뛰기만 한 것이다. 어렵고 고단한 일들이 반복되는가 하면, 켜켜이 쌓이기만 하니 짐을 잔뜩 지고 가는 당나귀가 되고 만다.

부모 노릇, 자식 노릇, 스승 노릇, 제자 노릇, 친구 노릇으로 할 일이 많았다. 돈도 많이 벌고 명예도 얻고 부지런히 일해야만 사람 노릇을 하게 되는 세상이다. 세상이 어디 그렇게 녹녹한가. 여의치 않은 일상사들과 대면하기 일쑤이고, 집착과 갈망으로 인한 고통에서 벗어나 있는 날이 드물다. 자식이 일순위라고 버릇처럼 말하는 사람도 자식을 짐스러워하고, 배우자를 너무나 사랑하다고 말하는 사람도 깊게 패인 불만의 골을 가지고 있다. 농담을 즐기는 사람들도 생활에서는 실속이 없는 경우가 허다하다. 자신이 얼마나 검소 · 성실하고 윤리 · 이타적이며 도덕적인지에 대하여 누누이 강조하는 사람들을 보라. '나는 이런 사람이다.'라고 스스로 만든 감옥에 갇혀 극단적인 행동을 하는 것을 볼 수 있다. 누구를, 무엇을 탓하겠는가. 모두가 도두보이기 위한 언행인 것을.

세상은 특별히 누구를 이롭게 하거나 해롭게 하려는 의도가 없다. 인간 스스로 행복과 불행의 씨앗을 만들 뿐이다. 눈부시다고 다 다이아몬드가 아니잖은가. 남들이 규정해 놓은 행복만을 좇다보면 끊임없이 숨만 가쁘다. 삶의 재미란 전례대로의 생활화된 풍속에 맞춰 사는 재미가 아니다. 조각 커튼을 이어가는 것처럼 살아가는 과정에서 기대하고, 노력하고, 진척되고, 성취하는 데서 우러나온다.

삶에서 가장 중요한 것이야말로 정이다. 의리가 중하다고 하지만 정에서 우러나온 의리가 아니고서는 오래 지탱하지 못한다. 달도, 별도, 꽃도, 정이 깃든 눈으로서 볼 때만이 아름답다. 아들을 사랑하는 아버지의 정으로는 죽음도 겁나지 않는다. 제자를 위한, 스승을 위한, 친구를 위한 인정의 발로이면 사생을 넘어설 수도 있다.

이제는 어제조차 좋아도 즐기지 못하고, 아파도 비명 지르지 못하는 과거가 되어 버렸다. 묵은 것 정리하고 새로운 시간과 날들을 향해 나아가야 한다. 우리 특유의 은근과 끈기, 그리고 여유를 가지고 걸어가는 것도 괜찮다. 그래서 가끔은 우연이라고 너무 소홀했거나 필연이라서 부담스러워하지 않았는지 되짚어 본다. 이기심을 버리고 남을 위하는 보살행도 행해 보고, 핏속에 녹아 흐르는 심청설화의 정서에 심취해 보며, 처음 시작했을 때의 첫 자리로 돌아가 첫 마음으로 자신과 세상을 돌아보는 것도 좋을 것이다. 그래서 한결같으면서도 새롭고, 용기가 넘치면서도 거만함이 없는 아름다운 삶을 살아가 보자.

겨울 한가운데에서 희부윰하게 새해가 밝아온다. 새해에는 감때사나운 마음과 어리석은 생각 다 버리고 오달진 걸음과 야젓잖은 행동으로, 항상 새롭게 감동하는 마음으로 두루 춘풍임이 어떠할지.

(『제물포수필』, 2008)

제5부

'나'를 찾아서

객토 客土

"그 때는 왜 죽자고 일만 했는지 몰러."

"그러게나 말여. 요즘 세상에 옛날같이 일만 하고 사는 사람이 몇이나 돼?"

"세상 참 좋아졌어."

삼사십 년 전 젊었던 시절에 온몸이 으스러지도록 일했던 노인들에게서 듣는 넋두리다. 그가 마음에 담아두는 눈빛으로 고개를 끄덕이며 듣는다.

그때는 설을 쇠고 입춘이 지나 언 땅이 풀릴 때쯤이면 들판 논배미마다 땅심을 증진시키기 위해 객토를 하였다. 모래땅에는 다른 성질의 차진 황토 흙을, 차진 땅에는 모래흙을 섞어서 토질을 개량하려고 대대적으로 사업을 벌였다.

집집마다 노약자를 제외한 대부분의 사람들이 동원되었다. 괭이와 삽을 들고 황토와 모래흙을 파내었다. 남자들은 지게에 담아 등에 짊어지고, 여자들은 양은대야에 담아 머리에 이고, 들판 논두렁을 걸어서 운반했다. 기껏 사오십에서 이삼십 킬로그램에 불과한 분량이었으나 둥개지 않았다. 수백의 사람들이 며칠씩 겨끔내기 없이 일해야만 하던 것을, 요즘에는 굴착기 한 대와 대형화물차 한두 대만 있으면 몇 시간 만에 간단히 해결할 수 있는 일감이다.

그러나 오직 사람의 힘이지만 억척스럽게 일했던 모습들. 그것이 오늘 같은 좋은 세상에 밑거름이 되었다는 노인들의 이야기는 한 페이지의 소박한 역사가 된다.

귀 기울여 열심히 듣고 있던 그가 가을 파종을 결심한다. 봄 시기를 놓쳤기에 알맞은 씨앗을 골라 뿌릴 요량이다. 먼저 객토하는 것을 잊지 않는다. 생산성을 높이기 위해 과학적 영농법을 적용해 보려고 깊은 생각에 골똘한다. 창작하는 일에만 열심이어도 만족스러울 테지만 가르친 사위가 되지 않으려는 발버둥이다. 늦게나마 새로운 수확을 올리려는 생각이 가상키도 하다. 하지만 땅만 적당히 갈아엎는다고 소출이 저절로 늘어나는 것도 아니고, 농사라면 몰라도 학문에 있어서는 희망사항으로 끝날 개연성이 클 수도 있다.

군격정이다. 굳은 심지가 있는 그는 토양을 바꾸더라도 자신이 하는 수필이 주체임을 명심한다. 탐구의 기승을 타고 장르 구분 없이 여기저기 기웃거리는 것 또한 삼가야 할 수칙임을 잊지 않는다. 일종의 경자유전耕者有田 원칙을 지키려는 것이랄까. 작품의 질에서도 마찬가지다. 기후와 토양을 불문하고 씨앗을 분별하지 않은 채 마구 뿌려선 곤란하다는 것을 간파한다. 아무리 많은 창작을 일구어낸다 해도 작품의 수준이 낮으면 허사가 되니만큼 질에 중점을 두어야 한다는 작심도 끝까지 밀고나간다. 땅심에도 생각을 기울인다. 작품이 듬직하게 자라나도록 인내해야 하는 것을 근본과 원칙으로 삼는다.

그는 옛날 방식대로 흙짐을 져 나른다. 한 짐 두 짐…. 무게를 지탱하는 두 정강이가 걸음마다 무겁다. 그럴 도리밖에 없는 것이 꼬두람이 동생이나 조카뻘 같은 사람들과 경쟁을 벌여야 하는 까닭이다. 생각에 무게는 있으나 둔탁하고, 깊이는 있으나 반짝거림이 적으니 그들과 발맞추기가 제곱으로 힘이 켠다. 오뉴월 하루 볕도 무섭다는데 십 년 세월이야 천양지차다. 늘어진 보폭을 당겨 서둘러 걷고, 그들이 곤한 잠에 빠져들 때도 홀로 깨어 독서삼매에 매진해야 한다. 아난다阿難陀의 기억력을 보쌈해야 할 판이다. 세대 공감을 가지려면 문자메시지의 답장을 곧바로 챙기고, 긴장감을 곧추세워야 뒤처짐이 없다. 그들은 윗사람의 말에서도 오류를 찾아내는 명석함을 가지고 있다. 그는 덩달아 그들을 통해 오류를 입 밖으로 꺼내지 않는 지혜로움을 지닌다.

무엇을 바라고 어떤 것을 위한 객토인가.

무서운 날카로움으로 발전해가는 기계문명 속에서 아직도 한군데 남아 있는 낭만과 꿈과 자유가 있는 문학지대로의 도피이다. 시곗바늘을 되돌리고, 뮤즈의 미소도 발을 멈추는 곳으로의 정행이다. 어쩌면 살아갈수록 안정될 것이라고 믿었는데 더 복잡해져 가는 인생의 정답을 캐보려는 행보일 수도 있다. 이것도 아니라면 그가 누구인지를 알기 위해 '나'를 찾는 작업이기도 하다. 사실 내 안의 나를 찾는다는 것은 자신을 더 힘들게 하고, 고문을 가하는 것이며, 진저리를 일으키는 일이다.

스님이 설법을 하던 중 탁자를 '탁' 치면서 '이것이 무엇이냐?'고 묻는다고 해보자. 경청하던 많은 사람들이 '뭘까'하고 생각에 잠기는 가운데 쥐 죽은 듯 조용하다. 경청은 귀로 하는 것이 아니라 몸으로 하는 것이라는 양 흩트림 없는 침묵이 이어진다. 순간 방바닥을 '탁' 치는 것으로 응답하는 '나'라면 기대해볼 만하다. 하지만 그토록 열려 있어도 알고 보면 대단치 못하고 그저 밍밍한 한 중생이라는 것 외엔 그 무엇도 아닐 테지만.

그는 객토를 하면서 깨달음 한 올을 집어 올린다. 길다면 길고 짧다면 짧은 이태 동안 대학원에서 석학들의 학식을 즐겼다. 자의 반, 타의 반으로 접하게 된 일이지만 책을 벗삼은 사람들의 얼굴에서 발하는 빛을 읽는다. 객토를 강도 있게 실행하지 않았더라면 보상받기 어려운 보람이다.

인간관계에서 오가는 말들은 즐거움을 주기도 하지만 적잖은 상처를 입히기도 한다. 주어서 받기도 하고 스스로 받기도 한다. 거침없는 상처야말로 자질구레한 것부터 가슴에 박히는 대못이 되어 빠지지 않는 경우도 있다. 그러나 사람이 쓴 서적은 사람이 썼지만 다르다. 일방적으로 베풀고 헤아리는 마음을 고집하는가 하면 깔축없다. 소리 없는 깨우침과 정신을 선사할 뿐이다. 구순하기에 독서상우讀書尙友가 이루어진다. 도원桃源 같은 곳이라면 과언일까. 그래서 그곳에서 오랫동안 머무는 사람들의 얼굴에는 형용하기 어려운 빛이 난다.

그의 행보는 일상적인 '나' 대신 본질적인 '나'를, 무의식적인 삶 대신 의식적인 삶을, 세속에 적당히 타협하려는 처세훈 대신 자신에 도달하려는 자아실현의 법칙에 성실하려는 마음이다. 농한기 없는 부지런한 농부가 되는 목적인 것이다.

객토.

그것은 무엇보다도 삶을 구체적으로 긍정하려는 가을 파종을 위함이다.

(『에세이 21』, 2008)

늦겨울 불영사에서

그렇다고 생각하니 정말 그렇다.

일주문답게 두 손 내밀며 큰어머니같이 반긴다. 거구의 몸으로 충성을 다하며 문을 지키는 수문장인 양 듬직하다. 세속을 등지고 수행하는 스님인 듯이 의연해 보이기도 한다. 멋스런 팔등신을 자랑하는 거목의 적송처럼 서 있다. 일주문이 텅 빈 주차장 멀리에서 다양한 모습으로 나를 맞이한다.

바쁜 일을 매듭진 후에 몰려오는 허전함이 두려웠던 모양이다. 허허로움과 대적하는 일이 무엇보다도 싫었던가 보다. 아니면 아직도 마음 언저리에 남아 있는 잔빙殘氷을 죄다 녹여내기 위해서 먼 길 마다하지 않았는지도 모른다. 천축산도 달려온 수고만큼 지친 마음을 감싸 안는다.

불영사를 향해 한 걸음 한 걸음 황톳길로 접어든다. 포근하다. 헌데 이상한 소리가 들린다. 헐벗은 나목들이 살을 에는 추위에 떨고 있는 소리다. 아니, 긴 외로움에 에둘린 채 인내하며 봄을 기다리는 소리이다. 오랜 기다림을 통해야 성숙해지는 것을, 계절도 모른 채 언제나 검은 저 바위가 알까. 늘 푸른 소나무가 알까.

갑자기 기암절벽이 시야를 가린다. 절경이란 이런 것. 별 볼 일 없다가 불현듯 나타나는 아찔한 풍경이다. 계곡의 절벽에는 멋진 나무들이 진을 치고, 골짜기에서는 돌과 물이 끊임없이 조잘댄다. 그림쟁이나 글쟁이가 아니라 할지라도 새어나오는 탄성을 어쩌지 못할 것이다. 하지만 하얀 계곡은 아직도 아물지 않은 쓰라린 아픔을 끌안고 있다. 조용하고 평화롭던 그 계곡에 지난여름 수마가 들이닥쳐 할퀴고 부수고 짓밟았다. 교각 위에 놓였던 상판은 내동댕이치듯 저만치 떠내려갔고, 길가 곳곳은 유실되어 동강이가 났다. 물가에 섰던 나무들은 아직도 떠내려온 덤불들에 휘감긴 채 괴로움을 당하고 있다.

계곡의 깊은 속이 헤아려진다. 욕심 없이 살고 있는 돌이고 나무이고 산이 아니던가. 부끄러움을 모르고 촐랑거리는 시내와는 다르다. 휘도는 곳마다 홍수의 잔해로 인해 고인 탁한 물이 넋 나간 짐승의 눈동자처럼 풀려 있다. 아픈 속을 묵묵히 풀어놓은 몸짓이다. 통증의 신음 같기도 하다.

절까지는 순한 길이 깔려 있다. 비구니의 도량이라 그런가? 분위기마저 아늑하다. 화려하면서도 고풍스러운 단청, 영기를 머금은 석탑, 종각 아래로 귀얄무늬 모양을 한 커다란 연못, 물비늘을 일으키는 수면에서 여스님의 미소를 읽는다. 더욱 여성스러움을 느끼게 하는 것은 대웅보전의 부처가 입고 있는 가사다. 연주황과 연보라, 금색과 은색으로 수놓은 아름다운 가사. '서구방'이 그렸다는 '양류관음상'의 가사만큼이나 환상적이면서도 화려하고 우아하다.

이 절에는 부처의 형상을 한 바위가 연못에 비춰 '불영사佛影寺'가 되었다는 전설이 흐른다. 안온해 보이는 절터인데 화기가 심한 지형이라는 업보도 짊어지고 있다. 건물을 지으면 불이 난다는 계시가 있어 방책을 세웠다고 한다. 2기의 돌거북으로 하여금 대웅보전을 등에 업고 지키도록 하였다. 화기를 없앨 수 있는 영물은 물과 상통하는 거북이 마땅했으리라. 아담하지만 위용이 서린다.

연못 속을 들여다본다. 비친다는 불영은 보이지 않고 있을 법한 거북이도 온데간데없고, 잉어만이 여유로이 헤엄치며 노닌다. 넋을 놓고 보던 삼십대 여인은 '달콤새콤하고 화끈하게'가 아니라 '지루하고 평화롭게'의 삶을 잉어에게 배우고 있다. 이십대에는 시력이 좋아 눈으로만 보았던 나도 이제는 눈이 어두워진 만큼 마음으로 바라본다. 산수유가 꽃망울을 맺고 있는 늦은 겨울, 그것을 경험한다.

그래서인가. 법당에 들어서니 성당의 성전에 앉았을 때처럼 선한 마음이 된다. 편안하게, 손이 마음 깊은 곳까지 짚어진다. 어떤 잘못이든 용서로서 마음을 풀고 사랑할 수 있게 변화시켜

준다는 확신 때문일 것이다. 삼배를 올린다. 부처에 대한 예를 갖추고 싶어서다. 지그시 내려다보는 실눈이 나를 더욱 여리게 한다. 가만가만 마음을 연다. 세상이 변해가면서 '不'자가 붙은 말들이 난무하는데 그것을 뛰어넘을 수 있는 것은 오직 부드러움과 정신으로 표현되는 영성이 아니던가. 여태껏 백성을 다스렸던 모든 왕들을 다 합친다 해도 예수나 석가의 성품과 인격에 견줄 수 있을까. 부처 한 분의, 예수 한 분의 고독한 일생은 세상의 무엇보다도 강한 힘이 되지 않던가.

무언가가 차오르는 듯한 느낌을 안고 요사채 모퉁이를 돌아 외진 곳을 찾는다. 먼 데 하늘가로 눈을 준다. 그러다 너럭바위 위에서 정좌하고 있는 스님을 발견한다. '저만치 혼자 피어있는' 산의 꽃처럼 다가설 수 없는 모습으로 피어 있다. 어쩌면 내가 바라보고 있다는 것을 알고 있을지도 모른다. 조심스레 발길을 돌리려는데 뒷모습이 지금은 명성보다 명상이 필요한 때라고 말하는 것 같다.

도량을 뒤로하고 내려온다. 잠시 계곡 아래로 발길을 돌린다. 물가에는 여전히 녹지 않은 얼음이 남아 있다. 어떤 걱정이 있기에 녹지 못하고 남았는지, 왜 그리 오랜 시간을 끌로 녹으려는지 알 수 없는 심사다.

얼음 조각을 떼어낸다. 내 마음속에 있는 잔빙을 떼어 그 위에 얹는다. 그리고 흐르는 물에 띄워 보낸다. 얼른 녹아서 물이 되어 흘러가라고. 소리치고 싶으면 큰소리내면서 흘러가라고. 비손해 보지만 그것으로 속마음이 풀어질지는 모를 일이다.

수마가 할퀸 계곡의 상처는 머잖아 꽃이 피면 깨끗하게 아물 터이지.

(『수필과비평』, 2003)

출애굽

시간을 판다. 허탈감을 따돌리려는 수작이다. 게으름에 취하고 느슨함을 즐기려는 내 나름의 꼼수다. 아무것에나 마음을 줄 수 있고, 무엇에라도 담담할 수 있는 곳으로 들어가 보고 싶은 마음이랄까.

TV의 분별없는 유혹에 사로잡힌다. '무엇엔가 매인다.'는 것은 쉴 새 없이 생각나는 일이고, 십 리도 못 가서 부르트는 발병이며, 스펀지 속으로 스며드는 물이다. 며칠 사이에 나는 TV 속으로만 질주하는 기사騎士로 매이기 시작했다. 제 세상을 만난 듯 세계여행, 실록, 코미디, 연속극, 영화 등 다양해진 채널을 타고 리모컨을 고삐인 양 잡은 채 휘저으며 달린다.

'멍텅구리', 거북스런 마음이 한 번씩 대침을 놓는다. '중독심

각, 위험수위', 걱정스러운 채찍이 가끔씩 후려친다. 그래도 아랑곳하지 않는다. 헤쳐 나오기는커녕 더 깊이 빠진다. 양 어깨에는 힘을 과시하는 견장이라도 단 모양이다. 밑바닥까지 가봐야 알게 된다는 곁얘기를 입증하려는 듯 끝까지 달린다. 제 나름의 정의감에 빠져 앞뒤를 가리지 않고 돌진한다. 영락없는 돈키호테다.

두 이레가 흐른다.

이상한 낌새가 보인다. TV 상자 속을 유람하며 미친 듯이 웃다보니 어쩐지 바보냄새가 난다. 펼쳐지는 영상 따라 좀 심각해질라치면 더욱 바보가 되는 것 같다. 때로는 대책 없는 문제아로 돌변하기도 한다. 문제아는 마음속의 여러 욕구를 충동질하고 난폭한 힘으로 성가신 일을 일으킨다. 한술 더 떠, 끝없이 바라는 요구 앞에 굴종하는 노예가 되어 내몰리고 있다. 마침내 머리는 멈춰버린 듯 아무런 생각이 나지 않는다. 긴장감은 풀린 나사같이 헐거워지고, 나른해진 생각은 게으른 태평을 누린다.

미련스러운 고집 덕분일까. 결국 나밖에 모르는 이기적이 '바보'와 남을 먼저 생각하는 이타적인 '바보'를 구분한다. 하나는 눈앞의 이익에만 얽매이고 하나는 손해를 보더라도 믿는 바대로 우직하게 밀고 나간다. 분명히 부끄럽지 않은 바보가 있는 것이다. 또한 일을 저지르기만 하고 수습하지 못하는 '문제아'와 토를 달아 뭔가를 바꿔보려는 '문제아'도 찾아낸다. 병든 세상을 치유하는 데 앞장서는 문제아, 그래서 사람은 꽃보다 아름답다고 했나 보다. 그 말이 살가운 건 어쩔 수가 없다. '노예'도 만난다. 보통은 호시탐탐 제 먹이를 찾는 데 분주하다. 그러나 늘 탈출을 꿈꾸며 반항하는 노예는 굳건하다. 나중의 두 끝은 엄연히 다를 것이다. 우직한 바보도 괜찮지만, 아름다운 문제아도 좋지만, 나는 반항하는 노예를 향해 손을 내민다.

TV는 한동안 내게 화려하고 즐거운 낙원이었다. 그러나 부귀공명을 누리는 대궐이라도 갇혀 사는 건 지루하고 숨 막히는 굴레임에 틀림없다. 그런데도 나는 계속 TV의 고삐를 쥔 기사에서 반항하지도 못하는 노예로 변질된 채 매달려 있었다. 비록 기계이지만 다가서기 어렵게 하는 차가움 없이 말을 잘 들어주는 사람처럼 믿음을 안겨주어서다. 구수하고 정다운 입담으로 거리감을 없애주어서다. 점잔 빼지 않는 솔직함에 절로 마음이 열려 한데 엉켜 울고 웃었다. 감미로움에 젖기도 하고 울분을 토하기도 했다. 나는 그렇게 TV를 섬기고 TV는 나를 섬겼다.

그러나, 그러나.

주는 대로만 듣고 보고 마셔댔으니 오죽했으랴. 체한 듯 가슴께에 꽉 막힌 통증이 일면서 답답해지기 시작한다. 소화불량이 일어나고 정신마저 몽롱해진다. 점차 TV가 세상의 온갖 것을 다 소유한 입만 커다란 기계인간으로 보인다. 그것하고만 놀아나던 나는 귀만 커다랗고 목이 없는 기형인간으로 변한다. 인공 배양된 심장과 위장, 취향에 따라 얼마든지 바꿔 끼울 수 있는 다양한 색깔의 눈동자, 희한한 동물이 되어간다. 허탈감의 덕석을 벗어 던지려고 TV 상자에 안주했는데 불안감이라는 다른 덕석이 씌어져 있지 않은가. 덜컥 겁을 먹는다.

내가 머물 곳이 아니라는 섬광이 순간을 불지른다. 꽁무니가 다 타들어가는 느낌에 안절부절못한다. 서두른다. 보호막이던 껍질을 스스로 깨고 나와야 하는 알의 생명력 같은, 그 힘까지 불러 모른다. 이곳저곳을 비집으며 틈을 찾는다. 하나, 둘, 셋! 뭉쳐놓은 강단으로 박차고 나온다. 구속으로부터의 탈출이다. 벗어남이다.

벗어나고 갇히고, 또 벗어나고 갇히고, 다시 벗어나는 길. 탈출의 탈출이 끊임없이 이어지는 길. 이것이 삶이다.

추위를 다 벗지 못한 바람이 연분홍치마 앞에선 속수무책이듯 고리타분한 캡슐 안에 갇혀 있던 생각의 세포들이 터지기 시작한다. DNA의 이중나선구조처럼 살아난다. 나는 한 마리 새가 되어 빠르고 가볍게 창공을 난다.

읽지 않고 쌓아둔 문예지, 수필집, 시집들이 눈에 띈다. 그것들의 기다림이 보인다. 시간을 판 대가리라. 핼쑥한 미소를 지으며 미안스러워 하나하나 쓰다듬는다. 그동안 너무 멀리했던 성서를 먼저 꺼낸다. 손에 잡히는 대로 무작정 편다. 출애굽기다. 이집트에서 노예생활을 하던 이스라엘족이 모세에게 인솔되어 해방을 맞는다. 내 가슴으로도 그 물결이 밀려온다. 눈으로 흘러든 활자들은 활개치는 고기들이 된다. 머리와 가슴으로 오간다. 슬며시 심장을 누르기도 하고 콧등을 치기도 한다.

내가 성서를 읽고 있는 것이 아니라 성서가 나를 읽고 있다.

(『창작수필』, 2003)

작은 비상

면과 선과 기체와 액체가 어울린다. 그렇다고 수나 공간도형의 성질을 논하는 수학이 아니다. 보편적인 진리나 법칙의 발견을 목적으로 하는 과학이라고도 할 수 없다. 기구와 속력으로 펼치는 정적인 듯하면서도 동적인 운동이다. 얼음과 칼과 입김과 땀이 한데 모이는 점이지대. 스케이트장에서 볼 수 있는 광경이다.

개장 시간에 맞춰 발걸음을 재촉한다. 440여 평의 아이스 링크. 도심의 고독 속에서 나를 건져주는 소중한 공간 중의 하나다. 바라보고만 있어도 마음이 시원해진다.

준비운동으로 몸을 깨운다. 복장을 갖춘 뒤 스케이트를 신고 링크 위에 선다. 얼음과 칼날이 가벼이 인사를 나누도록 바른 자세로 천천히 서너 바퀴 돈다. 친숙해졌다 싶으면 허리는 90도로, 무릎과 발목은 70도쯤 각이 지도록 굽힌다. 왼손은 뒷짐을 지고 오른손은 발에 맞추어 앞뒤로 크게 흔들면서, 왼다리에 온몸의 무게를 싣고 힘주어 민다. 길게. 오른다리는 옆으로 밀었다가 삼각을 그리면서 뒤로 끌어다 붙인다. 왼다리도 반복하면서 아찔함이 느껴질 만큼 속도를 낸다. 쉼 없이 열 바퀴를 돈다.

숨이 차오른다. 다리와 허리에서 미통微痛이 일어난다. 등 골짜기에서는 땀이 흐른다. 아무런 생각이 들지 않는다. 무중력상태 같은 것. 내가 스케이트가 되고 스케이트는 얼음판이 되고 얼음판은 내가 되는 지경에 다다른다. 잃어버릴 뻔했던 나를 찾는 시간이다. 천연마약 엔돌핀이 왕성해진다.

열한 살 적부터 3년간 스케이트를 탄 후로는 까마득 잊고 살았다. 학교에 다니고, 직장을 가지게 되고, 결혼을 하고, 아이들을 키우는 데에 정신을 쏟았다. 불혹의 끝자락에 다다르자 생각이 많아졌다. 허리에 살이 오르면서 제법 중년티를 내는 몸과 마음이 지그시 걱정되었다. 거기에다 세상은 지금 있는 자리에서 그냥 안주하기에는 서러울 만큼 다양하고 즐거운 곳이잖은가. '무엇을 하면서 살고 있나'라는 생각에 시달렸다. 늘씬하니 멋있는 사람을 보면 내가 아니었고, 열심히 돈 버는 사람들 속에도 나는 없었다. 높은 학문을 지닌 사람들 무리에도 끼어 있지 못했다. 나는 간혹 열쇠를 찾듯이 내 가슴을 찾아대곤 하였다.

'풍경을 봐봐. 그대로 보고만 있으면 싫증이 나지. 그러나 풍경 자체가 되어 봐. 나무들의 속삭임을 듣게 돼. 물 흐르는 소리가 악기 되어 연주하는 하모니도 들리고. 무엇인가가 된다는 것, 무엇인가를 할 수 있다는 것, 무엇인가를 시작한다는 것은 쉬워 보이지만 어려운 일이야. 그러나 그것은 새로운 자신을 발견하는 신명나는 놀이잖아. 찾아, 네 안에서 잠자고 있는 너를 찾으라고.' 북소리처럼 울려왔다.

수필과 만났던 그 때처럼 이곳저곳을 기웃거렸다. 먼저 조깅을 시작했다. 두 해가 지났을까 문득문득 스케이트가 떠올랐다. 너무 오래 되어서 타기 어려우리라 몇 번이나 접었다. 그런데도 비집고 나온 생각은 영원히 시들지 않는다는 아마란스 꽃이라도 될 모양이었다.

다른 세상은 언제나 동경의 대상이 된다. 가보지 못한 길과 체험하지 못한 일, 소유하지 못한 것들에 사람들은 미련을 갖는다. 그래서 늘 새로운 것을 찾아 헤매는지도 모른다. 누군가가 그랬듯이 시도는 그 자체만으로도 의미 있는 시작이고 시작은 이미 절반의 성공이다. 스스로에게 주문을 걸며 아이스링크로 향했다. 지치지는 못해도 다행히 걸음은 옮길 수 있었다. 운동이라 함은 제대로 폼이 갖춰져야 하는 법이다. 레슨을 신청했다.

두어 달 동안 무릎과 허벅지에 끊어질 듯한 아픔이 오고갔다. 30여 년 동안 쓰지 않았던 근육을 단련시키려니 아픈 것은 당연지사다. 몸살도 수없이 들락거렸다. 그만둘까 들었다 놓기를 되풀이하였다. 몇 번의 고비를 넘겼을 때, 그제야 보였다. 날갯짓하려고 푸드득거리는 나와 냉정한 칼과 차가운 얼음의 조화가. 셋은 상실이었다가 공포였다가 길들여야 하는 대상이었다가 가깝고도 먼 사이였다가 결국에는 서로에게 필요한 존재가 되었다. 날카로운가 하면 부드럽고, 구속된 것 같으면서도 자유로운 세계로의 활공을 유감없이 주고받는다.

고마운 것은 스케이트가 언제나 내 생각의 변방에 머물러 있었다는 거다. 오리무중 속에서 헤맬 것을 대비하고, 무슨 말을 해도 사랑으로 감싸 안고, 위로의 길잡이가 되려고 '알맞은 시기'가 손짓할 때까지 기다려 주었다. 잊고 지낸 오랜 세월에도 그렇게 거기에 있었다. 삶 속에 끝이라고 생각되는 일들이 얼마나 많은가. 너무나 힘들고 어려워서 생각하게 되는 끝, 지나고 나서야 새로운 시작임을 알아차리게 되는 순리. 스케이팅을 하면서 그 이삭들을 또 줍는다.

예전에는 힘든 일이 있으면 앓아누웠다. 나를 어떻게 할 수가 없어서 무엇으로든 동정 받고 싶은 본능으로, 괴로움을 이겨내는 수단으로 우는 일이 다반사였다. 이제는 스케이팅으로 대적한다. 내 안에 있는 많은 '나' 중의 하나가 작은 비상을 하고 있다. 생각하고 싶지 않은 일이 자꾸 떠오르거나 못마땅한 일이 불거져도 스케이팅으로 풀 것이다. 새로운 또 다른 나의 날개를 달 때까지.

날카로운 칼날이 얼음에 상처를 낸다. 칼날이 지나간 자국이 무수하다. 그 속에는 용서하고 받아들이는 깊음이 있고, 이해하고 거드는 즐거움이 있으며, 해보지 않고는 알기 어려운 아름다움이 있다.

나는 얼음과 스케이트와 어우러져 땀과 입김으로 속내를 질펀하게 토해낸다. 잘 언 얼음판 위에 그어진 무수한 자국들이 조명을 받아 빛난다. 내 이야기가 가느다란 선이 되어 섬세한 증명이라도 하려는 듯이.

(『부산수필과비평』, 2005)

물물교환

단 1분 동안이다. 수영만의 한 높은 빌딩이 홀로 최후의 빛을 받는다. 석양을 마음에 품기라도 한 것처럼, 아래로부터 점점 사그라지던 빛이 건물 유리벽 끝날망에 걸려 빨갛게 불타고 있다.

광안리와 해운대의 동백섬 사이에는 우뚝 선 높은 건물이 빼곡하다. 일출이나 일몰을 제대로 만날 수 있는 날이 흔치 않은 것처럼, 홀로 그토록 돋보이는 모습을 포착하기란 지켜 서지 않으면 힘든 일이다. 광안대교의 화려한 조명도 마음을 들뜨게 하지만 스며드는 은은한 주황의 석양빛은 조용한 탄성을 지르게 한다. 깊이 담아서 진하게 우려낸 듯한 빛, 범접할 수 없는 후광과도 같은 빛, 동틀 무렵 토함산 석굴암의 부처가 머금었던 빛이다. 망막이 물들고 마음속 깊은 곳까지 물든다.

베란다에는 서른 남짓 난분들이 푸르고, 기다란 화분에서 줄지어 자라는 로즈마리가 키 작은 울타리마냥 앙증맞다. 그 앞의 베고니아는 점박이 이파리를 화들짝 펴고, 음이온을 뿜어낸다는 산세베리아는 물결 무늬에 금테를 두르고 귀티를 낸다. 순하게 피어난 바이올렛과 풍로초가 수줍게 웃는다. 창 너머에는 가로수들이 추풍에 취했는지 울그락불그락 낯을 붉힌다. 그 뒤로 수영강이 길게 누워 있고, 저 멀리 광안대교를 벗하고 있는 건물에 붉은 석양빛이 걸리면 나도 그것들과 함께 하나의 물상이 된다. 거실 문 바깥유리에 비친 풍경은 이색적인 느낌으로 다가온다. 생활 속의 깜짝 마취제. 연출이라 해도 좋고 돌출이라 해도 무방하겠다.

문득 행복감에 젖는다. 눈가에 여울이 진다. 풍경이 흔들린다. 여울졌던 눈물이 흘러내린다. 풍경이 더 맑게 제자리로 돌아온다. 생각 사이로 「사운드 오브 뮤직」의 마리아가 다가와 어깨에 손을 얹는다. 일상의 행복을 속삭이며 노래한다.

"장미 위에 떨어진 빗방울, 새끼고양이 수염, 반짝이는 구두, 차 주전자, 아작아작한 에플파이, 도어 벨소리, 코끝과 속눈썹 위에 내려앉은 눈송이들…. 내 마음이 슬퍼질 때 나는 이런 것들을 기억합니다. 그러면 기분이 훨씬 나아지지요." 따라 흥얼거린다.

내 집은 오래되어서 세련되지 못하다. 그래도 이곳을 뜨지 못하는 것은 아파트단지 내의 숲과 전망이 좋아서다. 최고의 화가인 자연은 누구도 흉내 낼 수 없는 풍경들을 매일 다르게 그려낸다. 아침이면 동녘하늘에 붉은 무대가 펼쳐진다. 그 빛과 어울려 수평선 위로 갖가지 형상들을 연기하는 구름들의 모노드라마. 은은한 황홀, 그것의 경지에 이른다. 인위적이기는 하지만 저녁이면 생동감이 넘치는 불빛들, 특별한 행사가 있을 때마다 터지는 야성의 폭죽들은 장관을 이룬다.

그러고 보니 십수 년 만이지 싶다. 올해는 유난히 태풍이 적었다. 앞마당에 늘어선 벚나무와 느티나무가 곱다. 빨강, 노랑, 주황, 초록, 파랑…. 산을 찾아야 만끽할 수 있는 총천연색의 광휘가 펼쳐졌다. 발품을 팔지 않아도 된다. 완전 무료다. 입가에 손확성기를 대로 하늘을 향해 소리 없는 큰 소리로 외친다.

고

마

워

요

피식 웃는다. 사소한 것에 마음을 일렁이고 있는 나를 보노라니 유치하다는 생각이 들어서다. 그런데 슬프지 않다. 어른이 유치해질 수 있는 것은 추함도 미움도 성냄도 없는 평화 속에 머물 때라야 가능하지 않던가. 해서, 때때로 영화를 보면서도 가슴 졸이고, 분노하고, 슬퍼하고, 뿌듯해하며 몇 시간의 유치함을 얻곤 한다. 유치함 속에는 『호밀밭의 파수꾼』의 주인공이 찾았던 어린 마음과 정직함과 순수함이 있다. 마음을 넓히는 양분이 된다. 나를 사랑하게 하는 것은 어쩌면 유치한 것들인지도 모른다.

유치함으로부터 키워 온 새로이 갖는 눈빛 하나, 바꿔버린 생각 하나면 이전과 다른 세계가 열린다. 술 한 잔을 놓고 듣는 세상 돌아가는 얘기 맛은 달착지근하다. 잘못을 꾸짖어주는 한마디의 따끔한 말맛은 어찌 그리도 씁쓸하던가. 하는 일이나 생각마다 당차고 깍듯하고 야무져 나무랄 것 없는 맘맛은 짭짤하기 그지없다. 미처 몰랐던 맛이 세상에는 얼마나 많은가를 깨닫는다. 매일 먹는 밥인데도 물리지 않고 구수한 것은, 벼가 세찬 비바람을 견뎌내고 따가운 햇볕을 품어 안아서 그렇다는 것을, 커피를 두 잔 마시면서 읽은 책을 글쓴이는 이백 잔쯤 마셔야 쓸 수 있다는 것을, 내 것이라 움켜쥐었던 것이 어느 날 모두의 것이 되어가고 있었다는 것을…, 접하기 전에는 짐작조차 못했던 세계가 또 얼마나 널려 있는가를 알아차린다.

그 세계 세계마다 교량을 놓는다. 나 하나, 내 가족, 내 친척만 챙기는 일방통행로가 아니라 좌우팔방 탁 트인 고속도로를 낸다. 내려가고 올라감이 자유로운 십차선, 이십차선 도로가 깔렸으면 좋겠다고 청원을 한다. 그 수고는 헛물켜는 일이 아니다. 확장된 마음은 한때 격의 없이 지내던 사람의 허물을 덮고 덮는다. 불쾌함도 참는다. 누군가가 내 허물을 엎어주고 불쾌감도 참아 주었을 테니까. 어차피 세상은 주고받고 받고 주는 곳. 물물교환이 이루어지는 장터가 아니던가.

정겨운 작은 풍경들. 생활 속의 '아로나민골드'. 피로를 풀어주고 마음을 편안하게 만든다. 나도 그것들의 아름다운 풍경을 얻기 위해 사랑스런 시선을 던진다.

(『에세이문학』, 2004)

기회비용

사람들은 후회거리 하나쯤 안고 살아간다. 그리할걸 그랬어, 그렇게만 안했어도, 다른 길로 갔더라면 하는 뉘우침. 현실에 대한 부정일 수도 있다. 강한 것을 잃어버린 후 약해진 마음을 드러내는 고백이랄까, 잊혀져 가는 기억을 지펴내는 작은 향연이기도 하다.

가끔, 결혼을 하면서 그만둔 직장에 대해 미련을 갖는다. 애써 쓴 글이 무지렁이가 되었을 때다. 아이들은 커 가는데 둘러볼 곳은 많고, 허리에서 휘청거리는 소리가 들릴 때가 그렇다. 길고 가느다란 줄 위에서 이러지도 저러지도 못하는 곡예사처럼 보일 때면 더욱 그러하다. 다시 돌아가 시작해 보고 싶다는 생각을 한다. 그것은 힘듦에 항변하는 내 안에서 새어나오는 소리다. 삶의 변화를 가져보라는 신호일지도 모른다. 뜨거운 기운을 받아 몸이 달아오를 만큼의 희망이나, 뒤집어엎을 만큼의 용기는 없지만 엉거주춤 살지 말라는 충고라 하겠다.

내가 결혼하던 시기만 해도 대개가 결혼과 동시에 퇴직하는 일이 다반사였다. 직장보다는 평온하고 안일한 가정을 선택했던 것이다. 흐름에 동승하기보다 역류하려는 힘을 지녔던 사람들은 한동안의 고통과 인내를 짊어졌다. 대가로 일과 가정생활의 병행을 과감하게 이끌어간 것이다. 따라하지 못한 나의 선견지명은 재어 보나마나 청맹과니였음이 틀림없다.

삶의 순간순간에 일어나는 일들은 모든 가능성의 장場 속에 놓이게 된다. 사람들은 그 안에서 무한한 선택의 기회와 마주친다. 좀 더 잘 것인가, 글을 쓸 것인가. 점심을 컵라면으로 대충 때워야 하나, 정식차림으로 배불리 먹어야 하나. 취미일까, 직업일까. 승진이냐, 건강이냐. 사소한 일에서부터 큰일까지 가려 고르지 않으면 안 된다. 둘 중 하나를 골라야 하는 선택은 이미 창세기부터 에덴동산에서 피할 수 없는 이분법으로 시작되었다. 그래서 사람들은 두 갈림길에 서서 늘 고뇌하고 갈등한다.

선택의 본질에는 무엇을 얻기 위해서 무엇인가를 포기해야 하는 몫이 있다. 분명한 대가를 요구한다 할까. 타협이다. 만일 내가 주어진 부식 값으로 책을 산다면 저녁 식탁에 올릴 생선 살 돈이 없어진다. 운동선수가 텔레비전을 한 시간 더 보면 운동할 시간은 그만큼 줄어든다. 정부에서도 한 사업에 대한 예산을 늘리면 다른 사업에 쓸 수 있는 예산이 작아질 수밖에 없다. 잘 선택하면 하루에서 수십 년이 편하고, 잘못 선택하면 그날부터 평생을 어렵게 하는 일들도 있다. 힘들게 하는 것은 다름이 아니다. 선택물이든 비선택물이든 그 무게나 깊이가 까다로워서 판단을 흐리게 한다는 거다. 그래서 사람들은 고민하고 또 고민을 한다.

어떤 길이 열리더라도 묵묵히 걸어 갈 수 있는 마음이면 여북이나 좋을까.

『피터 팬』을 쓴 제임스 배리는 어른이 되기를 거부한 사람이다. 운명은 그 뜻을 받아들이기라도 한 것처럼 어른이 되어서도 키가 150센티미터 남짓했다. 작위爵位를 받고도 아이들과 어울려 해적놀이를 하고 마술을 하며 이야기를 들려주었다. 그러다 보니 유명한 희곡작가로 이름은 떨쳤으나 결혼 생활은 불행으로 이어졌다. 당시, 세상을 들썩였던 에드워드 8세는 어땠는가. 독신으로 즉위. 미국 출신인 이혼녀와 열애. 국왕자리를 버리고 그녀, 심프슨 부인에게로 갔다. 그는 권력과 명예의 상실이라는 기회비용을 톡톡히 지불해야 했다.

이야기나라의 주인공들도 예외는 아니었다. 혹부리 영감의 도깨비들은 좋은 노래가 나온다는 혹을 사기 위해 생활의 양식인 방망이를 내놓아야 했다. 인어공주 역시 사랑하는 왕자를 만나기 위해 두 다리를 얻는 대가로 아름다운 목소리를 잃어버렸다. 심청이는 또 어떻고. 봉사인 아버지의 눈을 뜨게 하기 위해 공양미 삼백 석에 팔려 재물이 되었지 않은가.

하나를 선택함으로 다른 하나를 버려야 하는 기회비용. 따져

보면 삶 자체가 기회비용의 연속이다. 그 이론은 물건구매의 경제학 용어만이 아니다. 모든 행동을 다시 한번 생각하게 하며, 선택함을 신중하게 가르치는 행동윤리학이라고 본다. 포기해야 하는 것의 대가 중 최선의 것이며, 현 시점에서 포기해야만 하는 가장 큰 가치이기도 하다. 그러기에 좋든 싫든 지금 일어나고 있는 모든 일은 과거에 있었던 선택의 결과가 아니면 무엇이겠는가.

사람들은 알게 모르게 크고 작은 수많은 기회비용을 치른다. 앞으로도 얼마나 더 지불해야 할지 모른다. 어쩔 수 없이 자연과 인간의 관계에서, 또는 사람과 사람의 사이에서 값비싼 흥정을 해야만 한다. 그러나 하나의 선택으로 인해 누구의 삶이 행복한지 아닌지, 누가 많이 가졌고 적게 가졌는지 판단할 수 없다. 부자이면서 황폐하고 가난하면서도 평화로운 사람들을 무수히 보았기 때문이다.

부시 대통령의 어머니 '부시 바버라'의 말이 귀전에 울린다.

"먼 훗날 여러분이 삶을 마감하는 순간에 한번만 더 시험을 치렀더라면, 한번만 더 재판에서 이겼더라면, 한번만 더 계약을 성사시켰더라면 하는 후회는 결코 없을 것이다. 대신 남편과 아내, 아이와 친구, 그리고 부모와 함께 보내지 못한 시간들에 대해 후회할 것이다."

(미발표)

자유인

새 버릇이 생겼다. 시간만 나면 TV 앞에서 진득인다. 아니면 잠을 청한다. 한동안은 잠들어 있는 시간을 제일 행복하게 여겼다. 머리에 떠오르는 복잡한 생각으로부터 탈출을 할 수 있어서다. 생각이야 늘 머리가 하는데 무겁고 아픈 것은 가슴이다.

4월은 잔인한 달이라고 한다. 나에게도 지난 4월은 혹독한 달이었다. 그이는 세 차례에 걸쳐 초음파 검사와 MRI 촬영을 했다. 판독결과가 나오기까지 초조함은 피를 말렸다. 서른 날을 가깝게 그 일에만 매달려 불안 속에서 떨고 있었다. 그런 와중에 갑작스레 구설수의 회오리가 불어 닥쳤다. 나선상으로 세차게 일어나더니 사정없이 나를 쓸었다. 무슨 힘으로 버티겠는가. 붙잡을 것도, 피할 곳도 찾을 수 없었다.

내 좁은 마음으로는 두 가지 일을 감당하기가 너무 힘겨웠다. 때론 흐느껴 울었다. 넋 나간 사람처럼 멍한 상태에 빠졌다. 다행이 걱정하지 않아도 되는 검사 결과가 그나마 숨길을 틔워 주었다. 하지만 치욕을 꽃다발인 양 가슴에 안아야 했고, 구겨진 자존심은 주검인 양 기억 속 깊이 묻어 두어야 했던 일. 어찌하여 어려운 일은 그렇게도 동무삼아 오는가.

가슴이 아프다 못해 사그라져 내렸다. 슬픈 노래 한 곡조라도 취한 척 부르고 싶었다. 맛도 모르면서 독작의 술잔을 기울이고 싶었다. 고민과 갈등의 잿빛 우울이 진을 치듯 깔렸고, 믿음의 깃발을 세울 곳은 어디에도 없었다.

고통이 극점에 도달하면 누구나 마지막 바탕이 무너진다는 느낌을 받는다. 어떤 설명마저도 의미를 달지 못하고 끝없는 추락만이 이어진다. 머리는 사실이 되어버린 거짓을 털기 위해 계속 도리질을 해댄다. 그때마다 삶은 조용하게 힘주어 말한다.

"조금만 기다려."

소설 『태백산맥』에 등장하는 '염상구'가 생각난다. 완장 하나 채워주고 호루라기를 물려주니, 그의 순진하던 이미지는 단박에 무서운 권력의 화신이 된다. 감정이라는 것도 미묘해서 염상구와 비슷하다는 생각이 든다. 사나워지면 사심 없이 나누었던 대화마저, 뜬금없이 했던 말들조차 화살로 변한다. 마음이 편하고 너그러울 때 쉽게 받아들이던 일까지 색다른 눈초리의 빛을 띠게 만든다. 상상이 빚어낸 오해는 곁가지를 친다. 거짓과 허상을 매달은 화살이 표적을 향해 날아간다.

오해의 화살은 드라마 속에만 있는 것이 아니다. 현실 속에서도 버젓이 깃을 펴고 날아다닌다. 남의 일이라고만 여길 수 없는, 언제든지 누구에게나 날아가 꽂힐 수 있는 실체이다. 그렇게 예측할 수 없는 곳에서 비롯된 갈등은 사람들의 관계를 파탄시켜 버리고나서야 끝을 맺는다.

나는 무작정 TV와 마주 앉는다. 가끔은 안타까운 이야기를, 더러는 따뜻한 이야기를 풀어놓으며 마음을 휘어잡아 준다. 오늘은 스물아홉에 시작한 감옥생활을 이십 년 만에 매듭짓고 자유인이 된 어느 중년 남자의 이야기가 흐른다.

절도죄로 붙들렸던 그는 살인죄의 탈을 쓰게 된다. 공교롭게도 때맞춰 접해진 여러 가지 요인들이 그를 옴짝달싹못하게 결박했다. 동화에 나오던 벗겨지지 않는 소의 탈을 쓰게 된 것이다. 그는 끝내 저지르지도 않은 살인을 고백한다. 낙엽이 되었으니 바람이 부는 대로 뒹굴어야 했기 때문이다. 필경, 부정적으로 치닫는 사고에 대해 소극적 방위로 맞서는 몸사림이다. 사형이 언도된다. 그러나 소의 탈을 쓴다고 해서 소가 되는 것일까.

도움의 손길이 그를 향해 뻗기 시작한다. 몇몇 유명인사의 구명운동 덕분에 사형수에서 무기수로, 무기수에서 다시 감형되어 오늘의 석방을 맞이한다. 그의 얼굴에는 억울함도 비참함도 없다. 오히려 빛이 돈다. 차라리 초탈이라는 표현이 어울리겠다. 지금이라도 범인이 미안하다는 말 한마디 전해 준다면 그저 고마울 뿐이라고 한다. 고통의 이십 년 세월을 미안하다는 한마디에 녹여 흘리려는 것이다. 관용과 포용이 바다를 이룬다. 그래서일까. 무심하던 세월이 이제는 나서서 말을 해 준다. 당시의 시간은 그를 살인범으로 몰아 세웠지만 세월 뒤 오늘은 살인범이 아니었음을 인정한다. 소가 아니라 사람이었다고 밝혀 준 것은 오랜 인고의 기다림이 베풀어준 배려다.

세상에는 엄청난 일들이 일어나고 있음을 새삼 깨닫는다. 하기야 억울하게 갇히는 사람도 많고 죽어 간 사람도 적지 않다. 참으로 안타까운 일이다. 채 털리지 않은 힘들었던 그 일이 들썩거린다. 지그시 누른다.

모두가 하찮은 말이다. 따져보면 아무것도 아닌 일이다. 되풀이 생각하면 할수록 더욱 득이 되지 않는 일이다. 그 때는 왜 그리 큰 십자가가 되어 다가왔는지. 내 삶에 있어 꼭 거쳐 지나야만 하는 시련이라면 또한, 피한다 해도 닥쳐야 하는 고난이라면 그만한 일이 어찌 다행스럽지 않은가.

역경은 단련이라는데. 마음의 폭 넓혀주는 자양분이라는데. 나는 깊고 오묘한 그 뜻에 마음을 의지한다. 내게 이롭고 좋다고 생각한 일이 다른 사람에게도 이롭고 좋을 거라는 생각, 이젠 버리려 한다. 선입견으로 인하여 한 부분을 전체로 오인하거나 전체를 한 부분으로 착각하는 경우도 흔하다. 과오로 발견된 이상 당연히 버려야 할 허물이다. 몇 발짝 뒷걸음친다. 지나치게 쏟았던 관심도 거둔다. 아름답든 흉물스럽든 풍경을 그냥 풍경으로만 보기 위해 멀찍이 물러선다. 자유인이다.

(『창작수필』, 2000)

울게 하소서

눈부신 성장과 물질적 풍요를 추구하는 세월이 도도히 흐른다. 이에 맞춰 젊은 사람들은 앞만 보고 달음질친다. 더러는 그 앞에 무엇이 있는 줄도 모른 채 덩달아 달리고, 더러는 야심찬 희망을 가지고 달린다. 서두르지 않으면 큰일이라도 나는 양 분주하기만 하다.

늙은 아버지와 어머니.

그들은 함께 달리지 못하고 구경꾼이 되었다. 세월이 그렇게 만들었다. 어려운 살림에도 불구하고 자식을 위해 오매불망, 노심초사, 혼을 모아 마음 쓰고 아파하면서 부모공양에 효행을 실천해 온 그들이다. 대부분이 일제 강점기에 태어나 굶주림과 핍박을 받으면서 성장했고, 6 · 25 전쟁으로 가족을 잃거나 생사를 넘나드는 고통을 겪었다. 또한 국가재건에 앞장서고 산업역군으로 역할을 다하며 국가 기강을 이룩한 주역들이다.

지금 그들이 사회와 가정으로부터 따돌림을 당하고 있다. 자식에게 있어 세상의 안식처이며 영원한 그리움의 대상이던 그들이, 언제나 자식의 편이 되어주고 응원해 준 그들이, 울고 싶어도 자신의 눈물로 자식이 더 슬퍼질까 봐 목구멍 깊이 삼키며 속울음을 운 그들이 자식들로부터 외면당하고 있는 것이다.

아름다운 미덕과 소중한 정신은 이미 거추장스러운 짐으로 추락하였다. 전력 질주를 위해 옆으로 비켜놓은 짐이 되었다. 아버지 어머니라는 이름도 짐 속에 마구 섞여 질주 라인 밖에서 나뒹군다.

그러나 아버지와 어머니는 말이 없다. 말하고 싶어도 소리를 내지 못한다. 그들에 대한 무수한 수식어와 찬사도 진부해졌다. 아버지 어머니라는 용어의 엄청남과 울림과 그리움은 추상적인 껍데기로 변해버렸다. 지독히도 슬픈 일이 되고 말았다.

울게 하소서
울게 하소서
울게 하소서

먹고사는 방책으로 입을 덜기 위해 70세가 되는 부모를 깊은 산속에 유기했다는 고려장 설화가 살아나는 듯하다. '현대판 고려장'이니 '해외고려장'이니 하는 말이 생겨날 만큼 자식들이 부모를 거리낌없이 홀대하고 있다. 거동이 불편하거나 치매를 앓게 되면 병원에 강제 입원 시켜놓고 방치하는 일이 비일비재하다. 가족여행을 빙자하여 외국으로 함께 떠난 후 부모를 역이나 광장에 기다리게 해 놓고 몰래 입국하는 파렴치한들도 있다.

건강한 부모도 마찬가지기는 매일반이다. 핵가족 사회에서는 학업이나 취업, 결혼 등으로 한 번 부모의 곁을 떠난 자식들이 좀체 돌아오지 않는다. 그래도 아버지와 어머니는 저녁저수지가 해거름의 그늘을 스스로 빚인 양 머금는 것처럼 자식들을 품 안는다. 있는 정성 다하고 기뻐서 어쩔 줄 몰라 하는 사랑을 한다.

그래서일까. 자식들은 힘들거나 슬픈 일이 찾아들면 가장 먼저 아버지 어머니를 떠올린다. 그들은 헷갈릴 수도, 놓칠 수도 없는 하나의 분명하고 뚜렷한 주제이기 때문이기도 하다. 무지막지한 어떠한 세월이라 할지라도 아버지와 어머니라는 이름을 지울 수 없을 테니까.

헤지고 닳아버렸지만 그 낡은 이름을 끄집어 내보자. 그래서 이를 묵인 방조하고 있는 우리의 무신경함을 다그치고 꾸짖어 보자. 이 세상의 속도가 아닌 나만의 속도를 유지할 것을 다짐하면서.

(미발표)

뻔뻔을 꿈꾸다

나는 별것 아닌 것에 잘 허물어진다. 짊어진 여러 문제들 때문에 힘들어 휘청거린다. 주변을 따뜻하게 둘러볼 마음의 여유는 눈곱만큼도 없다. 오늘은 한 번도 웃지 않았다. 주변 사람들과 한 마디 즐거운 이야기도 나누지 못했다. 연유를 캐어보고자 내면으로 곧장 치고 들여다본다.

소통의 길이 막혀 있다. 신뢰하는 사람과 소통, 상상력과 소통, 감동과의 소통이 단절되었다. 갑갑증이 일어나고 무기력이 발생하는 것은 당연하다. 우울증과 소심증마저 유발된다.

신뢰하는 사람과의 불통이 일어나는 것은 나이가 들수록 농익어야 하는 마음이 작고 옹졸하여 고루 익지 못해서다. 먼저 배려하려는 너그러움이 턱없이 부족한 탓이기도 하다. 상상력과의 불통도 생각의 나래를 활짝 펴지 못한 데 있다. 생각의 힘은 방향을 잃어버리고 그것을 마음에 동원하는 힘 또한 나약해서가 아닌가. 미키마우스는 75세가 되어서도 전세계인을 감동시키며 소통을 이루는데 내 글은 몇 사람의 독자를 감동시켰는가.

잔주접이고 하찮은 타령일지 모른다. 집념과 용기, 소신과 탈권위, 당당함과 대범함과 적극성 부족으로 힘을 펴지 못한다면 조금은 뻔뻔해질 필요가 있다. 실수나 실패라고는 모르는 사람처럼 무언가가 되고 싶고, 하고 싶고, 앞으로 나아가고 싶고, 위로 오르고 싶고, 삶에 더 많은 의미를 부여하는 욕망으로 기적을 일으켜 보고 싶은 소망을 갖는 것이다.

'김대중'은 철가방을 들고 대학캠퍼스를 누비던 자장면 배달원에서 스타 강사로 부상하였다. '김성오'는 6백만 원 빚으로 시작하여 유명한 육일약국 대표로 급성장하였다. '현영'은 연예계에서는 불리할 수 있는 조건인 콧소리 나는 목소리를 자신의 장점으로 당당하게 내세워 성공한 만능 엔터테이너이다.

이들에게 공통점은 뻔뻔함이다. 같은 것이라고는 없는 이들은 실수나 실패 앞에서 약해지는 대신 당당하고 적극적으로 현실에 맞섰다. 몰염치하지 않으면서 목표에 대한 집념과 용기를 갖고 소신 있게 살았다.

'현영' 옆에 살며시 서 본다. 나는 지금도 확실하지 않는 사념에 빠지기 일쑤다. 아직도 방향을 놓쳐버리는 불안에 떨기도 한다. 이유 없는 어두운 충동에 시달리는 일도 허다하다. 그럴 때마다 동정 받고 싶은 병적인 욕구가 생긴다. 대범하지 못한 성격

탓이리라. 남에게 피해될까 주저하고, 숫기가 없어 낯을 잘 붉히는 수줍음으로 인한 것인지도 모른다. 누군가가 돌파구를 찾아 주었으면 바라는 의타심이 원인이기도 하다.

모두 털어버리고 어디 한번 뻔뻔해져 보자. 무엇을 먼저 해야 하나? 그래, 마음속에 북극성 하나 매달아 놓는다. 독특한 생각과 에너지를 얻기 위해서, 내가 가는 방향을 잃지 않기 위해서, 그 빛의 반짝거림을 맛보기 위해서. "뻔뻔."

(미발표)

영적지수가 높아야

사람들은 영적 성공보다는 세속적 성공을 꿈꾼다. 세상의 잣대가 성공의 기준을 돈과 지위로 보고 있는 까닭이다. 그러나 인생의 성공은 세속적 기준에 의해서가 아니라 영적 수준에 의하여 결정된다. 지금 우리 사회는 능력보다도 과시주의와 간판주의에 의해 병이 들고, 사람들은 그 무게에 힘들어 한다. 외형적 결과만 가지고 사람을 평가하는 잘못된 가치판단이 원인이라고 할 수 있다.

인간의 능력을 측정하는 데는 여러 가지 방법이 사용된다. 지능지수IQ(Intelligence Quotient)는 사람의 머리가 좋고 나쁨을 나타내는데 최근에는 IQ에 대한 신뢰도가 많이 떨어졌다. 요즘에 각광받고 있는 것은 감성지수를 측정하는 EQ(Emotional

Quotient)이다. 이것은 어느 정도 IQ의 단점을 보완해주는 기능을 하고 있다. 따지고 보면 대인관계에서 남을 배려하고 이해하는 감성능력이 암기력, 연상능력, 산수능력을 측정하는 IQ보다 중요할 때가 많지 않는가.

인간성은 높은 IQ와 높은 학력에 비례되지 않는다. 주변을 살펴보면 IQ는 높으나 남을 배려하고 이해하는 능력이 떨어지는 사람들이 부지기수다. IQ가 감성과 비례한다면 얼마나 바람직한 일이겠는가. 그러나 우리 사회는 오만하고 남을 업신여겨도 떳떳하게 잘 살기도 하고, 능력과 관계없이 학벌 하나만으로 남 부러워하는 삶을 영위하는 사람들도 있다.

우리는 바른 사회의 가치기준을 가져야 한다. 그러기 위해서 간과해서는 안 되는 것이 영적지수 SQ(Spiritual Quotient)이다. 영적지수란 깨달음을 위한 정신魂의 성숙도를 말하는 것으로, 최종적으로 우리 사회가 의존해야 할 가치지준이다. 이는 영적능력을 수치화하는 의미가 아니라 우리의 초점이 물질성취에서 영적성취로 바뀌어야 한다는 뜻이다.

LG그룹 임직원 교육기관인 '인화원' 원장은 "IQ와 EQ의 시대를 넘어 SQ시대가 찾아왔다."라며 "SQ가 높은 인재는 자신이 생각하는 영적 가치와 기업이 추구하는 가치가 일치할 때 자신이 갖고 있는 역량 이상의 능력을 발휘한다."라고 했다. 직무교육에서 가치교육 중심으로 바꿔 나가겠다는 의지이다. 똑똑한 사람보다 슬럼프 없이 꾸준히 성과를 내는 능력자가 기업에 도움이 된다는 것이 평소의 지론이라면서 "이 같은 인재를 길러내는 것이 SQ 교육의 핵심"이라고 했다.

유토피아는 영적지수가 생활화 되고 모두가 영적지수를 가치 기준으로 삼아 매진할 때 지상에 나타날 수 있다. IQ사회에서 EQ사회로, 다시 SQ사회로의 진전은 인류 역사의 흐름이다. 이 흐름이 바탕 될 때 우리 사회는 형제애와 사랑이 오고가는 아름다운 사회로의 변화가 이뤄질 것이다.

(미발표)

제6부

문화 들여다보기

'촛불'의 위력

대표적 문화행사로 뿌리내릴 부산불꽃축제

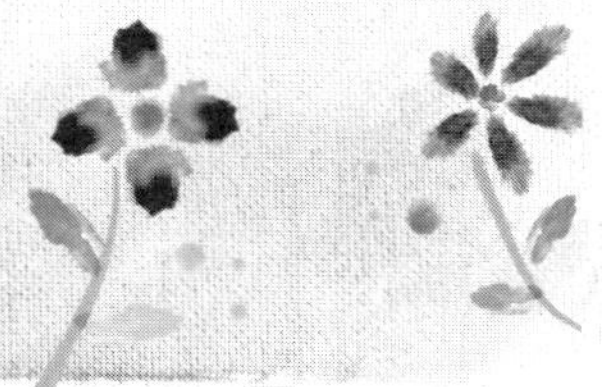

'촛불'의 위력

1. 열면서

촛불은 인간에게 벽사진경辟邪進慶의 영험으로서 언제나 깨어 있는 존재의 표상이다. 소멸함으로써 빛나는 순수와 순결을 의미하기도 하고, 인간의 근원적인 내적 세계를 밝혀내는 산물이기도 하다. 촛불의 잔잔한 움직임은 염원의 교감 상태를 나타낸다. 또한 인간의 소원성취나 소망이 상징적인 시각 형태로 바뀌어 조형화 된다. 그러므로 촛불은 생성으로서의 존재, 존재로서의 생성을 의미한다.

따라서 촛불을 켜는 것은 마음의 등불을 내거는 의식이라고 할 수 있다. 촛불 자체가 소망과 생성과 선과 의지의 표현이 되고 불타는 언어가 되기 때문이다. 촛불은 말없이 말하는 하나의 방식이다.

국민들이 건강권을 가지고 권력자에 앞에 그 '촛불'을 들고 나섰다.

2. 촛불의 위력

(1) '촛불'이 켜지면서

촛불집회는 붉은 악마, 노사모 활동과 더불어 2002년에 일어난 고유하고 특이한 한국의 현상이다. 미군의 장갑차에 의해 숨진 여중생 효순이와 미선이에 대한 사인 규명과 추모를 위해 집중적으로 발휘되면서 드러났다. 한국의 대표적인 평화적 시위로 정착한 시위문화이다.

오늘의 촛불집회는 미국과의 쇠고기 협상으로 굴욕성과 검역주권포기에 대한 국민적 불만이 높아지면서 시작되었다. 하나 둘 켜지기 시작하면서 남녀노소가 어우러져 민주적 절차와 규범을 공고히 하는 제도적 시민사회의 축제 방식으로 진행되었다. 거리를 붉게 물들였고, 흥겨운 노랫가락이 있었으며, 춤 공연이 펼쳐졌다. 자유발언대에서는 찬란한 말의 잔치가 벌어졌다.

시위자들의 일부 폭력도 있고 도로점거 등, 무질서도 있었지만 최루탄과 돌과 화염병이 난무하던 분노의 전쟁터는 아니었다. 2008년의 촛불은 희망이었다. 자신의 생각을 밝히고자 모인 사람들의 안전한 먹을거리에 대한 희망, 국민의 목소리에 귀 기울여 달라는 희망, 부자뿐만 아니라 힘든 이웃도 보듬어 달라는 희망을 외쳤다. 연령과 계층에 관계없이 희망의 촛불을 들고 광장에서 난장을 벌인 것이다. 희생이나 의무가 아닌 세상이 뭔가 잘못되었을 때 자연스레 저항하는 모습이었다.

나약한 촛불에서 점화된 촛불은 요원의 불길같이 일어나 연일 계속되었다. 촛불이 촛불을 부르는 현장으로 바뀌었고, 종당에는 감당하기 어려울 만큼 촛불의 바다가 되어 흘러 넘쳤다. 흡입력이 발휘되는 역동적 실천의 공간이 최대화된 현장이었다.

(2) 촛불집회의 주체

정보통신 세계의 특징은 현실 세계보다 더 큰 정보를 생산하거나 발신하는 능력을 가지고 있다. 현실 세계에서는 이루기 어려운 일의 형태도 그곳에서는 공간적, 시간적인 제한 없이 급진적으로 일어난다. 촛불집회의 주체는 지식인이라기보다는 사회문제나 민족정신에 관심이 없어 보이는 온라인상의 네티즌이었다. 다양한 정보가 유통되고 가상假想 세계가 만들어지는 전자통신망 안에서 접속을 하는 주민이었던 것이다.

네티즌은 기본적인 구성단위의 개인이고, 다중적인 자신에 대한 의식이나 관념을 지닌다. 동시에 서로 관련을 맺거나 관련이 있고, 생활이나 행동 또는 목적 따위를 같이하는 집단으로서 개인의 가능성도 지닌다. 네티즌이 이러한 이중성을 지니는 데는 촛불집회가 보여 주었듯이 집단적인 동일성이 작용한다. 집단적 동일성은 국민으로서 공통된 삶의 현장 속에 있다는 데서 나타나는 무의식적 동일성이다. 또한 집단적 무의식의 발현이다. 무의식적 동일성의 실체는 국민의 자존심이며, 상처받은 자존심이 뿜어내는 분노와 울분이다.

이와 같은 집단적 동일성은 동일 민족을 중요시하는 한국의 뿌리 깊은 사고방식에서 비롯되었다고 볼 수 있다. 누가 무엇을 하면 그대로 따라하는 것이 한국적 문화의 특징 중에 하나이다. '너'나 '내'가 아닌 '우리'라는 한국식 생활습관과도 무관하지 않다.

네티즌들의 특성은 실체가 불분명한 만큼 감정적이고 이기적이며 집단적이다. 이들은 사회적인 이슈나 정치적인 기사 등을 무조건적으로 받아들이지 않고 비판하고 의문점을 제기한다. 적극적으로 인터넷이라는 공간에 참여하여 백가쟁명百家爭鳴과 같은 자유로운 의사를 표현한다. 그들은 단결하여 거의 무너지지 않으며 그들의 생각을 적극적으로 관철시킨다.

이러한 특성을 지닌 네티즌이 오프라인으로 진출하여 촛불집회를 획기적으로 형성하였다. '행동하는 네티즌', '실천하는 네티즌'이라는 역설적 신조어를 만들어 내기도 했다. 따라서 쇠고기 재협상의 촛불집회는 참아내기 어려운 순정에 의해 자발적으로 시작되었다고도 할 수 있고, 중심이 다변화된 누리꾼들의 전략이 포착되었다고도 할 수 있다.

네티즌 중의 10대들이 처음 나서기 시작한 촛불집회는 20대에 이어 남녀노소를 불문하고 유모차를 끈 가족단위로 확산되었다. 과거 대학시절에 함께 민주화 운동을 했던 중년세대까지 다양한 계층의 시민들이 참여하였다. 휴대전화와 문자메시지, 인터넷 메신저와 동영상 등으로 소통의 도구를 사용하며 집회 참여를 유도하는 변화를 보여주면서 촛불을 태웠다.

지금은 정보 통제가 가능한 1980년대가 아니다. 시위꾼들에게는 화염병이나 각목보다도 훨씬 강력한 무기인 인터넷이 있다. 인터넷을 통해 국가 정책이나 일에 대한 옳고 그름을 얘기하고, 의견을 실시간으로 교환하며, 실시간으로 1인 미디어를 통해서 시위현장을 중계한다. 촛불집회의 주체인 이들은 인터넷을 통해 이미 권력을 가지고 있다.

(3) 촛불집회의 형태

"우리나라는 민주주의 국가이다. 광우병의 문제는 인간의 기본적 권리가 걸린 문제이다. 그 권리를 주장할 용기가 있기 때문에 외친다."라며 계속해서 이어지던 촛불집회는 우리가 처음 경험하는 현대적 집단행동인 것처럼 보였다. 주도세력이나 이념을 찾기 어려웠으며 중심의 부재를 나타내거나 또는 탈중심적인 성격을 보여주었다.

촛불집회의 처음 의도는 여론 수렴 없이 권력자의 일방적인 의사 결정에 반대하는 뜻을 평화적으로 전달하는 시민들의 모임이었다. 본질은 국민의 마음을 헤아리지 않았던 대통령의 국정 운영 방식에 대한 항변이었다. 정권보다도 잘못된 정책을 비판하려는 것이다. 소수의 의견을 무시하는 것이 아니라 다수의 의견을 존중해 주기를 바라는 마음이었다. 그렇기 때문에 자발적으로 시작되었고 비폭력적이며 축제적으로 진행되었던 것이다.

따라서 오늘의 촛불집회 형태는 과거의 화염병과 각목에서 촛불로, 단일 대오에서 자유분방한 행진으로, 비장한 구호에서 유머러스한 노래로, 제도권 언론에서 1인 인터넷 미디어로 바뀌었다. 촛불집회를 통해 정부의 독재적인 정책 결정에 반대하고, 잘못된 점을 지적하여 실행케 하며, 정치에 관심을 가지고 의사를 표현할 수 있는 계기를 만들었다. 1987년과는 다른 구성성분, 동기, 이념성향, 행동양식 등 많은 점에서 적잖은 차이를 보여주었다. 헛되지 않은 희생이라고 여겼던 난폭성 시위가 함께 즐겨는 평화적 축제로의 변환을 이루었다.

그런데 시간이 경과되면서 자기주장을 강요하는 형태로 바뀌어갔다. 단지 쇠고기 문제나 대통령에 대한 항변이 아니라 정치인들의 기만과 부패, 입만 열면 쏟아지는 변명과 거짓말들, 대통령에 대해 바른말 하는 정치인이 없는 현실에 분노를 느꼈다. 광우병 시비의 촛불 켜기는 작은 불씨에 불과했다. 시위자들은 한국이 겪고 있는 변화의 혼란을 촛불만으로는 막아내기 어려운 것을 알고 있다. 그러면서도 목소리를 높여 미국 쇠고기 재협상, 민생안정, 대운하 반대, ㅇ교시 반대, 비정규직 보호, 장애인 인권, 정권퇴진 등 다양한 구호들을 터트렸다.

누리꾼들은 촛불집회를 통해 처음과 달리 대규모 정치시위를 주도하고, 동등한 한미관계, 자주적 한미관계, 전쟁반대 등과 같은 정치적 발상도 제시했다. 애당초 미국산 쇠고기의 광우병 관련 안정성 문제는 그 기폭제로 작용했을 뿐, 집회가 확산되면서 정부의 국정 난맥상에 대한 총체적인 비판으로 성격이 변하였다.

촛불집회가 연일 계속되면서 길거리의 가두시위와 강제 폭력 진압. 그리고 거기에 대해 무섭도록 반발하는 국민들은 이미 집회의 정도를 넘어 싸움으로 증폭되었다. 시위자들의 요구는 절대적으로 선하므로 반드시 관철돼야 한다고 주장했다. 처음보다 무거운 요구들을 추가로 내걸고 무조건 받아들이라고 협박했다. 자신들의 요구에 굴복하지 않는다고 정권퇴진을 선동하며 조롱하고 놀림까지 서슴지 않았다. 촛불이 과격 시위로 변한 것이다.

(4) 어떻게 끌 것인가

2008년의 촛불집회는 개인을 존중한다는 이전의 강요된 공동체와는 다른 양상을 보였다. 사람들을 설득해 이뤄지는 공동체가 아니라 흐르는 강물처럼 자유롭게 제각각의 뜻을 유지한 채 큰 물줄기를 만들었다. 나의 참여가 중요하지만 다른 사람의 불참에 대해서는 비난하지 않았다. 즉, 남을 끌어내지 않고 남에게 끌려가지 않는 행렬 속에서 같고도 다른 구호를 외쳤다.

국민들은 40일을 넘게 지속되고 있는 촛불집회를 두고, 매우 중요하고 기본이 되는 중심이 없다는 것을 걱정하기도 하고, 중심이 다양하고 복잡해졌다는 긍정적인 평가도 내렸다. 한국적 참여 민주주의의 일대 장관이라고 흥분하기도 하고, 디지털 대중영합주의의 위험성이 크다고도 우려했다. 디지털 공론장이 현실공론장과 만나 폭발적 상호작용을 일으켰다고 자랑스러워하고, 왜곡되고 부풀려진 광우병 괴담에 휩쓸린 군중의 발길이 헌정 질서를 위협한다고도 했다. 광우병에 걸릴 확률이 얼마나 높은지 정확히 모르지만, 문제가 발생했으면 반드시 답도 있다고 생각된다.

누구나 주장을 펼 수는 있다. 그것은 사회를 발전시키는 일이다. 그러나 사회간접자본인 치안과 공공의 질서를 유지하기 위해서는 시간과 장소를 약속해야 한다. 자신들의 주장을 관철하기 위해 남의 권리를 예사로 침해하고 공권력에 공공연히 대행하는 등의 질서와 원칙을 경시해서는 안 되는 것이다. 촛불 들고 폴리스 라인 넘어 도로를 점거하고, 청와대로 진행하려고 공권력과 몸싸움하는 시위자들만이 애국자가 아니라는 사실을 명심해야만 한다. 조용하고 신중하게 처신하는 각계각층의 국민들도 다 같은 이 나라의 국민이며 애국자이기 때문이다. 더 이상 국론이 분열하지 않는 신속한 해결 및 마무리가 필요하다고 본다.

그동안 국민이 든 촛불은 위대했다. 대통령을 두 번씩이나 사과하게 만들고, 30개월 이상 된 소의 수입을 하지 못하도록 했으며, 대운하도 국민의 동의 없이는 못하게 되었다.

안타까운 것은 촛불집회의 종점을 아는 사람이 아무도 없다는 사실이다. 이것이 우리 사회 전체를 불안상태로 몰아가고 있다. 촛불집회는 탈중심적이기 때문에 선진적이기는 하다. 그러나 그 점으로 인하여 아무도 어떻게 끝내야 할지를 모르고, 어느 누구도 마무리의 책임을 지고 있지 않다. 그러나 분명한 것은 촛불을 스스로 켰던 것처럼 끄는 일도 스스로 해야만 한다. 촛불로 하나가 되었다는 만족감에서 한걸음 더 나아가 그 안에 존재하는 차이와 두려움까지 보살펴야 하는 것이다.

이제 촛불을 끄려면 촛불의 참뜻을 아는 것이 우선이다. 촛불이 전하려는 메시지는 국민 모두는 물론이고, 협상 당사국인 미국의 국민들이나 위정자들에게까지 충분히 전달되었다. 그리고 어떠한 파국이 오더라도 재협상을 요구한 촛불의 뜻은 관철되었다.

숭고한 촛불 시위의 정신이 더 이상 훼손되지 않고, 정부의 대응이 또 다른 대중영합주의로 오해받지 않도록 하기 위해 모두가 지혜를 모아야 할 때다. 작은 촛불이 모여 도도한 강물을 이룰 때 그것은 장엄한 느낌마저 준다. 역설적인 것은 밤이 깊어야 촛불이 밝게 타오를 수 있다는 사실이다. 그러나 그 촛불은 오래 탈 수 없음을 상기해야만 한다.

3. 닫으면서

촛불만으로는 칠흑 같은 21세기의 어둠을 밝힐 수는 없다. 개인의 행복정치를 위해 문제 제기를 할 수 있지만 해답까지 밝히기에는 약한 불빛이다. 주도 세력이나 이념 없이 이루어 낸 촛불집회는 힘든 일을 이루었다는 점에서 이미 위력을 발휘했다고 볼 수 있다.

이제는 미국산 쇠고기문제로 인한 소모적 갈등은 끝내야 한다. 다시 광우병 대책회의 등 일부 단체들이 정권 퇴진을 외치며 과격한 시위를 계속한다면 촛불의 순정을 변질시키는 형태가 될 것이다. 그런 투쟁이야말로 국민으로부터 고립을 자초하는 일이 된다. 정부에서는 쇠고기 문제에 대해 무책임했던 대응을 솔직하게 인정했고, 국민이 납득할 만한 대책으로 재협상의 타결을 어느 정도 이루어냈다. 앞으로는 정책을 결정할 때 각 단계를 투명하게 진행하고, 국민 여론의 저변을 꼼꼼하게 짚어봐야 한다.

이 나라는 우리 세대와 후세가 번영 속에 살아가야 할 위대한 대한민국이다. 이제 겨우 먹고 살 만한데 또 다시 사분오열로 성장이 둔화되거나 퇴보한다면 그 대가는 고스란히 이 나라 국민인 우리가 또는 후손이 안고가야 한다. 큰 생각과 멀리 보는 혜안으로 진정 무엇이 나라에 이익과 안전이 될 것인지 깊이 생각해 볼 일이다. 대와 소가 충돌한다면 과감하게 소를 정비해 나가야 하지 않겠는가?

주변국이 성장과 발전을 지속하는데 우리만 내부다툼으로 성장을 지연시키고 후퇴한다면 후손들은 작금의 이 사태를 어떻게 평가하겠는가. 백만 명 아니라 사천만 명이 촛불을 켠다 해도 해결책이 없다면 모두가 무용지물이다. 자기주장에 앞서 현명한 해결책과 방향을 제시하고, 국민 각자가 자기 분야에서 최선을 다해야 할 것이다.

(『수필과비평』, 2008)

대표적 문화행사로 뿌리내릴 부산불꽃축제

1. 들어가면서

지역 주민들의 문화적 욕구를 충족시키고 지역 문화를 전파할 수 있는 방법의 하나로 지역의 축제 또는 이벤트를 들 수 있다. 지역축제를 통해서 해당지역에 대한 역사와 전통의 문화적인 특성을 발견하게 되고, 지역 주민들은 향토 문화를 보급하기 위한 노력을 하게 된다. 이러한 지역 축제를 활용하여 지역 이미지 고양과 지역 특산물의 판매를 확대할 수 있고, 외부 관광객을 끌어들여 관광산업의 기능을 활발하게 하며, 관련 산업을 진흥시키는 등, 지역 경제의 극대화를 도모할 수 있다.

지방화 시대가 열리면서 각 지방자치단체는 지역의 정체성 확립과 지역이미지 제고 및 지역개발이라는 주요한 수단으로써 지역축제의 활성화에 나섰다. 문화관광부 자료에 의하면 지난 2006년 말 전국에서 개최되고 있는 지역축제의 수는 모두 726개에 달했다. 이는 지역축제가 지역문화 개발이라는 문화적 효과를 나타내며, 지역의 경제개발과 사회개발이라는 광범위한 영역에서 매우 중요한 역할을 수행하고 있다는 것을 보여 준다.

축제라는 것은 지역주민들의 총체적인 삶과 전통 문화적 요소가 잘 반영되어 있는 종합적인 문화행사로 문화관광의 대상이 된다. 지역축제가 국내적인 규모를 넘어서서 국제적으로 발돋움하기 위해서는 지역이 갖는 특성을 고려하여 타지역과 차별화된 지역축제를 개발해야만 한다. 즉, 오늘날에 있어서 축제는 산업사회의 시대의식과 감각에 맞는 축제의 기호들이어야 하는 것이다.

2. 부산불꽃축제

(1) 지역축제의 추진체계

지역축제를 지탄받게 하는 주범은 축제 결정과 운영 과정에서 정치논리의 개입과 관 주도 방식의 축제 진행, 소수가 배타적 독점권을 행사하는 것 등이다. 축제의 성공을 가르는 핵심적 요인의 하나가 축제 추진체계와 과정이다. 누가 어떻게 만드느냐에 따라 축제가 지역에 미치는 사회·경제적 효과와 문화적 효과가 달라지며, 지속성 여부도 판가름 난다고 보기 때문이다.

지역축제들의 추진체계는 지방자치단체가 직접 주관하는 경우와 추진위원회(혹은 조직위원회)가 주관하는 경우로 크게 나눌 수 있다. 그런데 여기서 주목할 점은 추진위원회의 인적 구성에 따라 추진위원회의 역할에 엄청난 차이가 존재한다는 사실이다. 추진위원회의 인적 구성은 다시 전문가 집단과 지역의 유지, 문화권력 등 토호세력으로 나뉜다. 전자의 경우는 과천마당극제, 부산영화제, 부천영화제 등 전문 예술축제에서 나타나는 현상이며, 후자는 여타 성격의 축제에서 광범위하게 나타난다. 토호세력은 축제기금의 일부를 조성하거나 행사 프로그램을 나눠서 치르는 정도를 제외하면 그다지 큰 역할이 주어지지 않는다. 이러한 면에서 지방자치단체가 주관하는 것과 별 차이가 없다.

지방자치단체와 토호세력으로 구성된 추진위원회가 축제를 추진할 때 발생하는 문제점은 축제에 대한 잘못된 관점, 부실한 기획과 실행 등이 나타나는데 비해, 전문가 집단이 개입한 축제는 기획과 실행에 있어서는 무리가 없다고 할 수 있다. 그러나 두 경우 모두 편차는 있지만 지역민을 추진체계에서 배제하고, 행사동원 및 자원봉사 등으로 대상화하는 경향성이 나타나고 있는 측면에서는 큰 차이가 없다. 특히 외부 전문가가 지역축제에 개입하는 경우 지역의 전문 인력 육성에 장애가 될 수 있다. 우리 사회 제 부문이 중앙에 집중되어 있는 현실에서 당장은 문화전문 인력의 외부 개입이 불가피하다. 그러므로 각 지역에서는 내생적 인력양성을 위한 대책마련이 있어야 할 것이다.

부산불꽃축제와 같은 관 주도의 축제 추진체계의 가장 큰 문제는 기획과 실행이다. 일반적으로 기획은 공무원, 이벤트기획사, 공무원+이벤트기획사(또는 지방방송국) 등이 담당한다. 공무원이 축제에 개입하고, 장비 동원이나 실행력은 모자라 할 수 없이 선택하는 기획방식에는 문제가 있다. 지방자치단체 혹은 담당공무원이 벤치마킹을 통해 획득한 단편적인 지식과, 이벤트기획사의 상업적이고 천편일률적인 프로그램이 만나 축제의 개성과 완결성을 사장시키고 있기 때문이다.

축제의 추진체계는 민간 주도의 추진위원회로 과감히 대체해 나가야 한다. 지역의 다양한 준거집단이 추진위원회에 참여할 수 있도록 문을 열고, 그 속에서 사회적 합의를 이끌어 내는 것이야말로 축제의 시작이다. 추진위원회는 구성원과 조직 내 역할분담을 잘 짜서 공공성과 전문성을 높여야 한다. 민간이 주도하더라도 자신의 이해관계에 따라 움직이는 것이 아니라 공익을 위해 봉사한다는 태도가 중요하다. 또한 축제의 규모에 따라 필요할 경우 상설 사무국을 설치하고, 축제 관련자들에 대한 워크샵 등 교육프로그램이 제공되어야 하며, 축제 관련 데이터베이스와 평가시스템을 구축해야 한다.

한국사회의 축제 현장에서는 끊임없이 축제의 본원적 가치와 경제적 가치의 갈등이 발생하고 있다. 지역축제들의 '축제의 관광 상품화 마인드 부족'을 지적했지만 이는 경제적 가치를 우위에 둔 것이 아니라 기획력의 제고에 강조점이 맞춰져 있기 때문이다. 오히려 축제의 문화적 가치에 충실할 때만이 경제적 가치가 뒤따른다는 것은 아비뇽이나 에딘버러 등 성공한 외국 사례들이 증명하고 있다. 따라서 눈앞의 이익에 목맬 것이 아니라 축제의 가치에 보다 충실하고, 축제의 콘텐츠가 될 지역의 문화 예술 역량을 강화시킬 정책방안을 내는 것이 문화행정의 임무일 것이다.

이런 면에서 문화관광부가 지원하고 있는 '문화관광축제' 선정과 지원사업은 축제 그 자체에 충실한 지역축제들을 발굴하여 복원해야 한다. 계발할 수 있도록 장려하는 정책방향의 전환이 매우 시급하다. 1995년 문화부가 지역경제 활성화, 지역문화 발전을 위해 관광 상품성이 있는 축제를 문화관광축제로 선정하여 육성하는 시책을 펴기 시작하였다. 문화관광축제 지정제도는 지역축제를 개발하거나 복원하도록 촉진했고, 지역관광의 콘텐츠를 생산토록 했으며, 관광객을 불러 모으는 효과를 창출한 성과를 냈다고 할 수 있다. 반면 축제의 획일화를 낳고 지나친 소비를 조장하며 경제적 가치에 몰입하게 함으로써, 지역의 역사성을 도외시하게 만든다는 비판도 만만치 않다.

훌륭한 지역축제라 할지라도 관광객을 끌어오지 못하면 지원대상에 들 수 없다. 따라서 지원 대상 축제가 되기 위해 평가시스템에 맞춰 양산되는 지역축제의 획일화가 일어나고 있다. 문화관광축제는 관광 산업과에서 주관하는 관광산업으로서의 정체성에 더 가깝다고 할 수 있으며, 오히려 '축제성'을 갉아먹는 기제가 된다. 이러다보니 지자체가 성과를 부풀리기 위해 대중동원을 하거나 방문객 수 조작까지 마다않는 일이 비일비재하다. 경제효과 역시 부풀려진 방문객에 맞춰 과장되기 십상이다.

성공적인 축제를 위해서는 누가, 어떤 과정을 거쳐 만드는 것인지가 중요하다. 이를 추진체계의 문제라고 정리할 수 있을 것이다. 관주도이냐, 민간주도이냐, 혹은 지방자치단체 주관이냐 추진위원회 주관이냐 하는 것은 주체의 문제일 것이다. 그러나 어느 것이 절대적으로 바람직한 것이라고 쉽게 결론 내릴 수 있는 것은 아니다. 지역의 자원과 역량에 따라 주체가 다양한 방식으로 구성될 수 있다. 지방자치단체 담당자, 다양한 분야의 전문가, 지역주민, 지역의 상공인, 언론 등 모두의 참여와 협력이 있어야만 한다. 다만 중요한 것은 이들 간의 역할분담과 유기적인 협력체제의 구축이라고 하겠다.

(2) 부산불꽃축제의 의의

일반적으로 축제는 놀이와 제의를 결합한 것으로서 지역공동체성의 재생산을 그 본령으로 하는 것으로 이해할 수 있다. 그러나 현재 전국적으로 이루어지고 있는 모든 축제를 이 같은 단일의 정체성에 준거하여 평가하는 데에는 무리가 있을 수밖에 없다. 따라서 개별축제가 갖는 다양한 정체성에 대해서도 수용할 수 있는 이해의 틀을 갖추는 것이 필요하다.

오히려 문제가 되는 것은 축제의 정체성이 명확하지 못하고 여러 가지 의미나 지향이 혼재되어 있음으로 인해서 생기는 무정체성이다. 지역공동체성의 재생산을 위한 축제이든, 아니면 관광 상품화 및 지역경제 활성화이든, 혹은 문화예술진흥을 위한 축제가 되든, 그 성향을 명확히 하는 것이 선행되어야 한다.

축제의 가치를 크게 문화적 가치와 경제적 가치로 나누어 이해할 수 있다. 그러나 이 둘은 분리되어 있는 것이 아니라 상호 연관되어 있다. 다만 그 연관의 형식이 문화적 가치를 지니게 될 때 비로소 경제적 가치의 창출도 가능하다. 지역성에 기반한 문화적 가치를 갖지 못하는 축제는 차별성을 가질 수 없으며, 그에 따라 경제적 가치도 가질 수 없다. 그런 점에서 축제는 기본적으로 지역의 문화적 가치에 대해 우선적으로 충실하여야 한다. 그런 다음에 경제적 가치의 창출 혹은 확대를 위한 기획과 실행을 고민해야 한다. 그리했을 때 축제를 통해 사회적 영향과 문화적 정체성 확립을 통한 공동체 의식을 회복하고 재확인 할 수 있다.

부산불꽃축제는 시행된 지 3년밖에 되지 않았지만 이에 상응된 축제라고 할 만하다. 2005년 11월 APEC 정상회의 경축행사로 처음 개최되어, APEC회원국 대표들과 국내 · 외 취재진을 비롯, 100만 명이 넘는 관람객들이 지상최대의 불꽃축제를 즐겼으며, '광안리 밤하늘에 펼쳐진 세계 최고 수준의 불꽃축제'라는 찬사를 받았다.

이어서 2006년에는 2005 APEC 성공개최를 기념하는 POST APEC 사업과 함께 62개국 교통장관이 참석하는 2006 UNESCAP 교통장관회의의 경축행사로 열렸다.

2007년에는 두 번의 개최 경험을 살려 부산의 대표 축제로 육성하기 위해서 세계 최고 수준으로 전야행사(미디어아트쇼)와 본 행사(첨단멀티불꽃쇼)로 나누어 2일간 진행되었다. 세계 최고의 멀티 불꽃축제로 육성하고 국내·외 관광객에게 특색 있는 볼거리를 제공하여 부산의 대표적인 체류형 문화관광 상품으로 개발하기 위해 개최한 것이다.

부산불꽃축제는 관광객 유치와 지역경제 활성화에 기여하고, 부산의 관광 인프라와 연계하여 부산을 대표하는 문화관광 상품으로 개발하는 데 의의가 있다. 앞으로는 일·중국 등 해외 홍보 마케팅 강화로 해외 관광객을 적극 유치하며, 유관기관의 협조 하에 교통·안전 관련에도 완벽한 종합안전대책을 수립하는 데 노력을 기울여야 한다. 그리하여 불꽃행사와 차별화되는 수준 높고 예술성 있는 불꽃축제를 매년 개최함으로써 세계 최고의 멀티 불꽃축제로 육성해 나가야 할 것이다.

(3) 부산불꽃축제의 필요성

근래의 관광 형태는 단순히 먹고 즐기는 관광에서 문화, 생태, 지역특성, 이벤트 행사 등의 특화된 관광자원을 선호하는 형태로 변화되고 있다. 따라서 이에 부응하는 새로운 관광자원 개발이 필요하다. 왜냐하면 관광자원의 개발 방식이 대규모 자본으로 형성되는 하드웨어 중심에서 지역의 각종 문화행사를 육성하는 소프트웨어 중심의 개발전략으로 변경되었기 때문이다.

축제는 기존의 지역 환경과 자원을 토대로 한다. 그렇게 때문에 축제는 물리적 개발에 비해 소규모의 자본투자와 인원 및 개발기간으로 매력성을 확보하며, 관광 활동과 체험의 만족도를 높일 수 있는 관광 상품이라고 할 수 있다. 다시 말하면 정형화

된 물리적 환경 아래 충족되기 어려운 심리적인 욕구를 자극하여 관광객들에게 매력과 서비스를 소구하는 방법인 것이다. 또한 축제는 다수가 참여하면서도 참여비용이 적어 다른 수단에 비해 접근이 용이하다. 문화적 요소가 강하기 때문에 인간의 유희적 요소에도 적합하다. 이러한 축제는 지역 활성화의 필요성이나 질적 성장을 중심으로 한 경제체제에서 요구되는 고부가가치 상품으로서 유용한 수단이 된다. 그것이 해외의 불꽃 축제 사례에 잘 나타나 있다.

캐나다의 몬트리올 불꽃축제는 1985년부터 시작하여 매년 6－7월에 열리는데, 세계에서 가장 큰 규모 가운데 하나로 알려져 있다. 또한 세계적인 금융그룹인 HSBC가 스폰서로 참여하는 세계정상급 불꽃축제로 지난 2001년 1회 대회를 시작으로 매년 캐나다 밴쿠버 잉글리시 만에서 열린다.

1977년에 시작한 피오리 디 푸오코는 이탈리아 산레모시에서 매년 개최된다. 매년 30만 명 이상이 축제에 참가하는 세계적인 축제로 (주)한화 연화사업팀도 이 대회에 참가하고 있다. 호숫가에 위치한 산레모의 지리적 특성으로 인해 환상적인 불꽃효과를 즐길 수 있다.

일본 북부 아키타현의 오마가리시 오모노 강변에서 열리는 불꽃축제는 1910년에 시작된 이래 올해 98회째 맞는다. 오마가리 불꽃축제는 일본에서는 물론 영국, 프랑스, 독일, 대만 등지에서 초청시연을 펼쳤을 만큼 세계적인 불꽃축제이다. 경제적 필요와 문화적 욕구를 성공적으로 접목시켜 지역축제의 모범사례로 삼을 만하다. 또한 요코하마 하나비는 요코하마의 야마시타 공원 앞 해상에 펼쳐지며 약 2시간 동안 펼쳐진다. 이 하나비 축제를 보기위해 며칠 전부터 밤을 새기도 한다.

스페인에서 열리는 발렌시아는 매년 3월 열리는 '불의 축제'로서 오랜 전통을 지닌 축제이고, 매년 4월 영국 에딘버러에서 열리는 '발렌타인 불의 축제'는 화려하면서도 뛰어난 색채효과로 정평이 나 있다.

이와 같은 사례에서 볼 수 있듯이 불꽃 축제가 부산지역의 고유한 특성이나 지역주민들을 고려한 지역특유의 축제가 형성되도록 할 필요성이 있다. 실제 이러한 불꽃축제들이 지역주민의 여가활동과 사회문화적 효과 그리고 관광객 유치를 통한 경제적 효과를 얻고 있는 것이 사실이기 때문이다. 부산불꽃축제는 광안리 앞바다와 광안대교라는 좋은 입지적 조건을 가지고 있다. 이러한 조건의 활용을 통해 펼칠 수 있는 불꽃쇼는 세계적인 축제로서 가능성이 충분하기에 전략적인 활성화가 필요하다고 본다.

(4) 부산불꽃축제 개최에 따른 각계 반응

제3회 부산불꽃축제는 약 145만 명의 관람객이 참여함으로써 역대 부산에서 개최된 문화행사로서 최고 관람인원을 기록하였다. 단순히 불꽃 쇼를 하는 것을 벗어나, 전야행사는 '부산의 사계'를, 본 행사는 '부산 연가'라는 각각의 테마를 지니고 다양한 첨단기기와 음악을 배경으로 주제를 표현하여 관람객에게 진한 감동을 선사하였다. 시민들은 부산불꽃축제 참여를 통해 스트레스를 해소하고, 재미있고 흥미로워 불꽃축제에 대한 관심이 증가했다는 평가가 있었다. 반면에, 다른 지역축제나 1회, 2회 때의 부산불꽃축제와 크게 구별되는 차별성은 없는 것으로 평가되었다. 향후 부산을 대표할 수 있는 메가 축제로 거듭나기 위해서는 부산을 대표하는 문화·관광 상품으로 개발하여 국내뿐만 아니라 해외 관광객을 유치할 수 있는 구체적이고 독창적인 방안이 수립되어야 할 것이다.

제3회 불꽃축제에 대해 응답자 300명을 대상으로 성별 비율을 분석한 결과 '남자'의 비율이 47.3%, '여자'는 52.7%로, 여성의 비율이 조금 더 높은 것으로 나타났다. 연령대 비율을 분석한 결과로는 '20대'의 비율이 49.7%, '30대'는 20.7%, '40대'의 비율이 13.6%,로 나타나, 주 관람객은 20대와 30대인 것으로 파악되었다. 거주 지역 비율을 분석한 결과에서는 '수영구'의 비율이 18.0%, '부산진구'가 15.0%, '남구' 11.7% 으로 수영구, 진구, 남구에 가장 많이 거주하는 것으로 분석되었다.

제3회 부산불꽃축제에 대한 정보를 어디서 얻었는지에 대한 물음에서는 응답자 300명 중 '언론매체로부터 얻었다'의 비율이 76.0%, '주위사람으로부터 얻었다'의 비율이 29.3%, '인터넷을 통해서'가 12.9%, '홍보현수막 및 광고물을 통해서'가 6.7%, '홍보책자를 통해서'가 4.0% 등으로, 응답자들의 부산불꽃축제에 대한 정보는 TV·라디오와 같은 언론매체를 통해 얻는 것으로 나타났다. 특히 주위사람으로부터 부산불꽃축제에 대한 정보를 입수하였다는 응답자도 29.3%에 달해 입소문 홍보의 중요성이 대두되었다.

제3회 부산불꽃축제에 대한 전반적 평가를 묻는 질문에 전반적인 만족도는 5.00점으로 높게 나타났으며, 축제를 타인에게 긍정적으로 이야기할 의사(5.29점), 축제를 이웃에게 권유할 의사(5.05점), 행사내용 재미정도(5.02점), 축제에 대한 느낌이 좋음(5.00점) 순으로 높이 평가된 것으로 파악되었다. 반면 서비스 가격의 적당성은 2.28점, 화장실 청결도가 2.94점으로 매우 낮게 평가되어 향후 개선되어야 할 항목으로 지적되었다.

제3회 부산불꽃축제 참여에 대한 느낌을 묻는 질문에 스트레스 해소가 5.29점으로 가장 높게 평가되었으며, 재미와 흥미정도(4.98점), 불꽃축제에 대한 관심 증대(4.75점), 불꽃축제의 독특성(4.72점) 순으로 나타났다. 반면 새로운 사람과의 만남(3.51점), 새로운 점 발견(4.19점)은 낮은 평가를 받은 것으로 분석되었다.

부산불꽃축제의 1박2일 개최에 대한 의견과 부산불꽃축제의 향후 발전 가능성에 대한 물음에 응답자 300명 중 '가능성이 높은 편이다'의 비율이 60.6%, '가능성이 매우 높다'의 비율이 26.4%, '그저 그렇다'가 9.6%로 나타나 전체응답자의 87.0%가 부산불꽃축제의 향후 발전 가능성에 대해 매우 긍정적으로 판단하는 것으로 분석되었다.

제3회 부산불꽃축제 만족도에 대해서는 불꽃축제에 참관한 응답자 300명 중 '만족한다'의 비율이 63.0%, '매우 만족스럽다'의 비율이 15.7%, '보통이다'가 17.0%로 78.7%가 만족하는 것으로 분석되었다.

불꽃축제 관람동기 요인이 만족도와 충정도에 미친 영향을 분석한 결과 오락성 동기와 불꽃축제 취향 동기가 영향력 있는 요인으로 나타났다. 불꽃축제의 전반적 만족은 불꽃축제에 취미가 있는 유형과 불꽃축제를 스트레스 해소, 재미와 흥미, 독특함, 불꽃축제를 마음껏 즐기는 유형으로 나뉘었다. 만족도는 오락적으로 즐기는 사람이 전반적으로 긍정적인 영향을 미치고 있었다. 그러므로 불꽃축제에 대한 만족도를 높이기 위해서는 불꽃축제의 오락성을 높이고 불꽃축제만의 특성을 잘 살리는 것이 중요하다고 본다.

부산불꽃축제가 부산의 대표축제로 발전하는 것에 대한 찬성 여부에 대해서는 응답자 299명 중 '매우 찬성한다'의 비율이 12.7%, '찬성한다'가 45.5%으로 부산불꽃축제가 부산 대표축제로 발전할 것을 기대하는 것으로 분석되어, 부산의 대표 축제로 육성하는 것에 대한 반응은 우호적인 것으로 나타났다. 불꽃축제가 갖는 특성과 규모 있는 축제로서 정착 가능성이 엿보이며, 부산불꽃축제를 통해 부산에 대한 자긍심을 높일 수 있도록 육성해 나갈 필요성과 가능성이 엿보인다고 하겠다.

부산시민이 지역축제 참가한 결과에 대해서는 저조한 것으로 드러났다. 이는 지역축제에 대한 전반적인 프로그램의 미흡한 현상이라고 할 수 있다. 그러나 부산불꽃축제의 관람 경험은 지역 축제의 전반적인 참여보다 높은 것으로 나타나 불꽃축제에 대한 관심과 참여도가 어느 정도 형성되어 있는 것으로 보인다.

(5) 부산불꽃축제의 문제점에 대한 개선방향

먼저 제3회 부산불꽃축제의 문제점을 살펴보면 다음과 같다.

세계첨단기술이 바탕이 되어 부산불꽃축제에서만 볼 수 있고 경험할 수 있는 부산의 특성을 살린 연출 및 행사가 미흡했다. 불꽃축제 공연의 독창성이 부족했고, 부산불꽃축제의 주인이자 중심이 부산 지역주민이라는 각성(자각)도 저조했다. 부산불꽃축제의 차별화를 부각시키는 국내·외의 다양하고 공격적인 홍보 전략도 흡족하지 못했다. 대중매체뿐만 아니라 인터넷 등에서의 전략적 홍보가 미흡했으며 부산의 다른 축제와도 연계성을 이루지 못한 점도 문제였다. 화장실, 편의시설 과부족에 따른 백사장 일반 관람객에게는 불편을 야기했고, 행사 종료 후 쓰레기 문제가 발생하여 위생 청결에 대한 문제도 도출되었다.

이러한 부산불꽃축제의 문제점으로 인한 개선방안에 대해서는 먼저 부산불꽃축제를 대표하는 대표 프로그램의 개발이 시급하다고 본다. 부산의 역사적 소재나 부산에서 촬영된 영화를 테마로 사용하고, 부산을 대표하는 캐릭터를 개발한 마스코트도 지정해야 할 것이다. 같은 패턴의 단순 불꽃 연화보다 관련업체간 경쟁 또는 국가별 경쟁을 통해 다양하고 수준 높은 연출을 제공하는 것도 중요하다. 관람객들이 단순히 보는 것을 넘어서 함께 참여하고, 경험할 수 있는 행사 개발로 쌍방향적 커뮤니케이션이 가능한 운영을 고려해야 한다. 또한 가족·친구들과 만나고 즐기는 장소를 뛰어넘어 새로운 사람들과의 만남의 장으로도 개발해야 한다. 불꽃축제 단일 관광 상품보다는 자갈치축제,

PIFF와 같은 다른 부산축제와 연계하여 상품개발을 통한 시너지 효과의 극대화를 이루어야 한다. 더불어 축제의 주인은 지역주민 자신이라는 의식전환을 통해 적극적이고 자발적인 참여를 유도하고, 지역주민 의식 개혁을 위해 장기적 측면에서 다각적인 노력을 기울여야 한다.

앞으로 부산의 대표 축제로 육성하기 위해서는 무엇보다 젊은 층의 관심과 참여가 전제된다. 그러므로 장기적 측면에서 중 · 고등학생을 대상으로 부산축제에 대한 역사 같은 교육프로그램을 개발, 젊은 층으로부터 관심과 참여에 대한 적극적인 유도도 요구된다. 주한외국대사관과 한국관광공사 등 외국에 축제를 알릴 수 있는 다각적인 채널을 이용하고, 프로그램을 활용한 대중매체뿐만 아니라 인터넷의 홍보를 적극적으로 활용하며, 축제기금 조성을 위한 복권판매를 시행하여 복권판매수입을 축제기금으로 적립하는 것도 생각해 볼 일이다. 간이화장실 · 휴지통 등의 시설을 확충하고, 인근 상가들과의 긴밀한 협조를 통한 상가 공공시설 개방을 유도하는 등 다각적인 개선방안이 필요하다고 본다.

3. 나가면서

일반적으로 축제의 효과로 거론되는 것은 크게 두 가지이다. 하나는 관광 및 문화산업의 활성화, 지역이미지 제고(Place Marketing) 등을 통한 지역경제 활성화라는 경제적 가치 창출이다. 다른 하나는 '비일상성을 통한 일상성의 회복', '신성성이 부여되는 시간을 구성시키는 것'에서 알 수 있듯이 축제를 통해 사람들이 삶에 대한 힘을 얻는 것이다. 선험적으로 그 효과를 확인할 수 있는 문화적 가치는 공동체의식을 생산하고, 지역의 정체성을 강화시킴으로써 지역민의 삶의 질을 높이는 결과를 낳는다. 다른 한편으로는 축제의 준비과정에서 육성되는 문화예술역량이 지역의 삶을 더욱 풍요롭게 만들며, 동시에 문화를 통한 경제적 가치창출의 기반이 된다. 잘만 하면 축제가 지역발전에 효자 노릇을 톡톡히 해낼 수 있는 가능성을 담고 있는 것이다.

그러나 우리 현실은 이 같은 기대에 부응하지 못하고 있는 실정이다. 경제적 가치에 지나치게 치우친 근시안적 사고, 정치적 이해에 휘둘리는 경향 등 축제에 대한 잘못된 관점과 관행이 축제를 병들게 한다. 일부에선 축제망국론까지 대두되고 있다. 대부분의 지역축제는 각종 문화 인프라와 인력부족 등을 비롯해 축제의 목적, 주제 설정, 주체의 형성, 기획과 집행, 평가와 환류 등 정책적 관점과 실행체계에서 많은 문제를 안고 있는 것으로 보인다. 따라서 사회적 재원의 낭비와 여론 분열, 환경파괴 등 각종 부작용을 낳고 있다.

이제 축제가 가지는 본래 의미를 회복한다는 전제 아래 다양한 기능을 발휘해야 한다. 그러자면 무엇보다 먼저 축제가 갖는 문화적 가치에 주목해야 한다. 현 시기에서 그것은 문화 쾌적성과 맞닿아 있다. 넓은 의미의 문화 어메니티는 편리성, 환경성, 심미성을 포함하는 것이지만 좁은 의미의 문화 어메니티는 지역

문화정책의 범주에 속한다고 말할 수 있다. 무엇보다도 문화기반시설을 확충 · 정비하고, 문화 인력을 양성해서 다양한 문화프로그램을 개발 · 보급하는 것이 중요하다. 이를 위해 재원을 마련하고 도시문화 환경을 정비하는 일도 병행해야 한다. 그래서 시민으로 하여금 '생활을 즐겁게 해주는 여러 가지의 일'을 일상적으로 맛보게 하는 것이다.

여기에는 당연히 비일상성을 통한 일상성의 회복, 지역의 공동체 회복, 정체성 강화라는 축제 본연의 문화적 가치를 포함시킨다. 그런 연후에 경제적 가치라는 부수 효과에 눈을 돌린다. 물론 축제라는 이름을 붙인 모든 문화행사가 그래야 한다는 것은 아니다. 이미 축제는 본래의 의미를 넘어서 각종 문화이벤트에 자의적으로 이름을 갖다 붙이는 모호한 정체성을 획득했기 때문이다.

축제가 관광객을 불러들이거나 특산물을 파는 도구로 기능해 경제적 효과를 창출하는 수단으로만 인식된다면 우리 축제, 나아가 문화의 미래는 암담하다. 우리가 올바른 사회인임과 동시에 산업역군인 인재를 배출하기 위해 당장 이익이 드러나지 않는 교육에 공공재원을 투입하듯이, 문화에도 이러한 관점의 적용이 필요하다. 이런 관점에서 볼 때 부산불꽃축제는 시민의 생존욕구를 해소함으로써 개인의 행복감과 사회적 안정감을 높이는 한편, 문화예술의 발전에 기여하는 등의 문화적 가치를 창출한다는 측면에서 활성화시킬 가치가 있다. 이러한 문화적 가치를 중시하고 지원하는 것은 우리 사회의 문화적 역량을 강화하여 문화경제 활성화의 토대로 환류 되기 때문이다.

〈참고문헌〉

강인원, 「지역축제의 이미지 특성에 따른 문화관광 활성화 방안」, 한국관광연구학회, 2004.

김동혁, 『관광과 축제 이벤트론』, 신지서원, 2000.

이경우, 『바다나라 축제』, 사랑이, 2002.

이광진, 『민속과 축제의 관광적 해석』, 민속원, 2004.

이승종, 『축제와 문화』, 연세대학교출판부, 2003.

정강환, 『문화관광 축제 변화와 성과 : 1996－2005』, 문화관광부, 2007.

정성호 · 서영수, 『제3회 부산불꽃축제 평가보고서』, 부산관광축제조직위원회, 2007.

(『수필시대』, 2008)

정여송 수필집

마중물

인 쇄 / 2008년 10월 20일
발 행 / 2008년 10월 25일

지은이 / 정 여 송
발행인 / 서 정 환
발행처 / 수필과비평사

출판등록 / 1984년 8월 17일 제28호
주 소 / 서울시 종로구 익선동 30-6
운현신화타워 빌딩 2층 209호
전 화 / (02) 3675-5633, (063) 275-4000
팩 스 / (063) 274-3131
E-mail / essay321@hanmail.net

값 9,000원

ISBN 978-89-5925-486-6 03810

※ 이 책은 부산시 문예진흥기금 일부를 지원받아 발간되었습니다.